SHODENSHA
SHINSHO

お金に好かれる極意

村大次郎

祥伝社新書

はじめに

「お金に好かれる人、お金に強い人」

というと、あなたはどういう人を思い浮かべますか？

お金をたくさん持っている人？

確かに、お金をたくさん持っている人は、お金に強そうに見えます。でも、筆者は必ずしもお金をたくさん持っている人が、お金に強い人だとは思いません。

お金というのは、あまりありすぎても、自分では使うことは出来ません。またありすぎると、お金を減らすことに恐怖を覚えるようになったり、だれかに狙われまいかとビクビクして生きていく羽目になったりします。

下手《へた》に資産などを子孫に残したりすると、骨肉の争いの原因になったりします。筆者は、現実にそういう家族をいくつも見てきました。

だからお金というのは、あまりありすぎるのも人を幸福にはしないものなのです。

かといって、まったくないのでは話になりません。

明日の生活にもたちまち支障をきたしてしまいます。お金はある程度は絶対に必要なものなのです。

では、どういう人がお金に強いか？

それは「お金に縛《しば》られずに自由自在に操《あやつ》れる人」だと筆者は思います。

もっと具体的にいえば、「自分の必要なお金を必ず確保出来る人」です。

ではどの程度あればいいかというと、「自分に必要なだけ」あればいいはずです。

ところが、自分にどれだけ必要かというのは、なかなか正確なところはわからないものです。

節約すれば月10万円で生活することも可能でしょう。

でも病気になれば、とてもそれではやっていけない。

それは月１００万円あっても同じことです。もし家族が難病にかかったりすれば、相当なお金がかかります。

かといって、いつもいつも家族が難病にかかったときの資金を準備しておくのは、大変なことです。

では、どうすればいいか？

その答えを持っているのが、お金に強い人ではないでしょうか？

そして、本書ではそのヒントになる方法、考え方をご紹介していきたいと思っております。

お金の性質をよく理解し、お金と上手に付き合うことの出来る人、それがお金に強い人だと筆者は思うのです。

ところで、筆者は元国税調査官です。

国税調査官の仕事というのは、ざっくり言えば税金をちゃんと払っているかどうかをチェックすることです。そしてそのチェックの対象となるのは、社会的、経済的に成功した人が多いものです。税金を誤魔化《ごまか》そうとするのは、お金をたくさん持っている人なので、必然的にそうなりますよね？

つまり、筆者は、社会的、経済的に成功してきた人をたくさん見てきたわけです。

社会的に、経済的に成功してきた人というのは、まあ、「お金に強い人たち」が多いわけです。

また、筆者は国税調査官を辞めてから、10年以上、出版業界で仕事をさせてもらってきました。出版業界というのは、社会的、経済的に成功した人も多いですが、失敗した人、失敗しかかっている人もたくさんいます。

大変失礼ながら、出版業界には、「ダメ人間」がけっこう多いのです。特にライター仲間の中には、仕事があまりないにもかかわらず、たまに入ってきた仕事もいい加減にしか出来ず、ギャンブルにはまってしまっているというような人も、たくさんいます。

筆者は言ってみれば、「お金にとても強い人」と「お金にとても弱い人」の両極端を、たくさん見てきたわけです。お金に強い人、弱い人には、共通性があったり、法則性があったりもします。

その経験を基に、お金に強い人とは、どういう人なのか、ということを紐解《ひもと》いていきたいと思っています。

お金に好かれる極意――目次

第二章　金持ち社長たちの錬金術――47

第三章　金持ちと貧乏人を分けるのは「情報力」

第一章

大事なのは「楽して稼ぐ」という発想

●金に強くなる上で一番重要なことは、「楽して稼ぐ」という発想

金に強くなる上で、一番重要なことは「楽して稼ぐ」という発想です。

「楽して稼ぐ」

というと、何か不道徳的に見られがちです。

が、この「楽して稼ぐ」という発想こそ、金に強くなるために最重要な極意なのです。

というのも、人類は太古から「楽して稼ぐ」ということを考えてきました。

人類は最初、毎日、毎日、狩猟や木の実拾いに明け暮れ、大変な労働をしていました。それを、「なんとかもっと楽に生きていけないものか」と、いろいろな工夫をし、作物を育てたり、家畜を飼うことを、会得《えとく》していったのです。

道具や機械の発達などもすべてそうです。

人類の「楽をしたい」という発想が、人類の生活を楽に豊かにしていったわけです。

だから、「楽して稼ぐ」ということは、人類の進化の上でも重要なことなのです。

なんだかすごく大きな話になりましたが、筆者が知っている「金に強い人たち」も、皆、「楽して稼ぐ」という発想を持っています。

でも、「楽して稼ぐ」というのは、誤解を招きやすい言葉でもあります。

たとえば、「楽して稼ぐ」という言葉を、「ズルをして稼ぐ」もしくは「ルール違反をして稼ぐ」という意味で、使われたりすることもあります。でも、「楽をすること」というのは、「ズルをすること」「ルール違反をすること」とは違います。

今までよりも楽に稼ぐ、ということについて、「ズルをすること」「ルール違反をすること」しか、イメージが浮かばない人が多いのです。だから、楽をして稼ぐことがズルをしたり、ルール違反をすることと同意語で扱われてしまうのです。

ズルをしたり、ルール違反をせずとも、「楽して稼ぐ方法」はあります。また、それを見つけ出すことが、「金に強くなること」でもあるのです。

●なぜ、違法行為をして稼ぐとまずいのか？

「楽して稼ぐ」

などというと、ならば、違法行為をして稼いでもいいのか？　と思う人もいるかもしれません。

しかし、当然のことながら、違法行為をすることを筆者は勧めたりはしていません。

というより、くれぐれも肝《きも》に銘《めい》じておいていただきたいのは、「違法行為をして稼ぐこと」はけっして楽をして稼ぐことにはなりません。

違法的な商売の場合、時に、楽に莫大《ばくだい》なお金が入ってくることもあります。麻薬の密売などは、成功すれば、相当な利益になると言われています。

しかし、リスクも相当に大きいのです。もし見つかった場合は、警察に捕まってしまいます。

また麻薬の密売を成功させるためには、かなりの組織力、交渉力、腕力などが必要になります。そう簡単に出来るものではありません。

それだけの苦労をして、さらに大きなリスクを背負わなければならない「仕事」なのです。とても割の合う仕事とは言えないはずです。

違法的な仕事というのは、どれもそういうものです。

だから、道徳的観念を抜きにしても、違法的な仕事は、決して楽なものではないのです。

筆者の言う「楽して稼ぐ」ということとは、真逆《まぎゃく》をいっていると言えるでしょう。

●ブラック企業の経営者は金に強いか？

違法行為とまではいかずとも、違法ギリギリのことをして儲《もう》けている人もいます。

ブラック企業の経営者などは、そのいい例です。

通常ではありえないほど、従業員をこき使うことで、自分の利益を増やしているわけです。

ブラック企業の場合は、法に触れていることも多々ありますが、発覚しにくいということでは、違法のリスクはあまり背負っていないとも言えます。

こういう人たちは金に強いか？　というと、答えはノーです。

なぜなら、ブラック企業というのは、長く持続出来る企業ではないからです。

ブラック企業は、一時的には利益を上げることも出来ますが、そのうち世間の批判にさらされることになります。世間の批判にさらされれば、商売はやっていけなくなります。また従業員の出入りが激しい企業というのは、優秀な人材が育たないということでもあります。優秀な人材がいれば、自然に利益が上がるのです。経営者は何もしなくても。

でも、優秀な人材がいなければ、経営者は常に経営のすべてを管理し、目を光らせておかなければなりません。気が休まることはないでしょう。

しかも、「人の恨《うら》みを買う」というのは、経済的に見て、かなりのリスクを背負うことになります。古来から、殺人などの凶悪事件の多くは、怨恨によるものです。つまり、人の恨みを買う商売をしていれば、犯罪に遭《あ》う確率が高くなるわけです。

少し大きな話になりますが、中世のヨーロッパで幅を利《き》かせていた富豪などは、現在、ほとんど残っていません。

世界最古の財閥というのは、日本の三井家だといわれているのです。三井家は江戸時代に起源のある商人です。つまり、たかだか三百数十年の歴史しかない三井家が、世界最古だということは、それ以前の世界中の財閥は、没落したり、消滅したりしているわけなのです。世界の中世の富豪たちは、民衆にいろいろひどいことをしてきたので、一時的に隆盛を極めても、長続きはしていないのです。おそらく、犯罪被害に遭ったり、革命や動乱のときに、目の敵《かたき》にされることも多かったはずです。

統計は作られていませんが、ブラック企業の経営者が犯罪に遭う確率というのは、一般の人の何倍、何十倍もあるはずです。

●金に強い人は「誠実さ」と「狡猾《こうかつ》さ」を持つ

〝金に強い人〟の特徴として、誠実さと狡猾さをうまく使い分けるというものもあります。

金に強い人というのは、基本的に誠実です。

一度決めた約束は必ず守るし、物腰もやわらかで紳士的な人が多いものです。

しかし、誠実さだけかというとけっしてそうではありません。

誠実さの裏には巧妙で狡猾な計算も働いています。この狡猾な計算が出来なければば、金に強い人にはなれないといえます。

筆者は元国税調査官なので、税務調査などを行なっていました。

税務調査というのは、企業などに赴《おもむ》いて、税務申告が正しいかどうかをチェックする作業です。

税務調査では、申告に不備がある場合は追徴税が発生します。しかし、申告の不備というのは、グレーな部分も多く、間違いともいえるし間違いではないともいえる、というようなことが時々あります。

たとえば、社長が友人と飲みに行った代金は、会社の交際費なのか、個人的な支出なのかは微妙なところです。単なる友達との飲食は個人的支出になりますが、その友達が少しでも仕事に有益な情報をくれたりするならば、交際費に該当するからです。

となると追徴税の額などは、税務署と企業による交渉で決められることになります。この交渉をするとき、社長と交渉するのが一番面倒で厄介《やっかい》です。

税務処理に間違いがあったような場合、経理担当者や税理士というのは、あっさり間違いを認めたりするものですが、社長はなかなかそうはいきません。それは社長は、税金を支払う身であり、身銭を切る立場にあるからです。

またその一方で、金に強い人は、ひじょうに腰が低いという特徴があります。本当に金に強い人、仕事が出来る人は、人に丁重に接するし、よく頭も下げます。

「頭を下げるのは無料」

筆者の知り合いのある社長さんが、こういうことを言っておりました。

意味は、その言葉の通り「頭を下げるのは無料なのだから、どんどん頭を下げなさい」ということです。

これは含蓄《がんちく》のある言葉だと思われます。

言われてみれば、なるほどと思うのだけれど、なかなか実践出来ないものです。

誰だって人に頭を下げるのは嫌なものです。

でも、人に頭を下げるのは、お金を取られるわけではないんだから、いくらでも下げればいい、そういう逆転の発想から出た言葉だと言えます。

経営者、企業家というのは、「頭を下げるのが仕事」という面もあります。

「人に頭を下げ続ける人生は嫌。だから独立開業したい」

などと思っているサラリーマンの方も、たまに見受けられます。しかし、こういう人は、まず成功しないと思われます。

頭を下げる頻度で言うならば、サラリーマンより経営者のほうがはるかに多いと言えるでしょう。

しかも、サラリーマンの場合は、上司や先輩などに頭を下げることが多く、それほど「切実な詫《わ》び」ではないものです。

しかし、経営者が頭を下げるときというのは、大げさに言うならば命をかけて頭を下げているのです。もし取引先に切られてしまったら、会社は立ち行かなくなるかもしれない。そういう気分で頭を下げることが多々あるのです。

つまり、経営者が「頭を下げる行為」というのは、その回数も多いし、その中身も濃いと言えるのです。

「人に頭を下げたくないから、自分で会社を興《おこ》したい」

などと言う人は、大きな勘違いをしているのです。

サラリーマンというのは、人に頭を下げてばかりのようなイメージがありますが、実際は、経営者や上の人のほうがよほど人に頭を下げなくてはならないのです。超一流の会社のトップにいるような場合は、周りが頭を下げることも多いかもしれませんが、そういう人でもその位置に来るまでは、相当多くの人に頭を下げているはずです。

またその会社が超一流であればあるほど、トップの腰は低いのです。

つまり、金に強い人は、粘り強い狡猾さとスマートな丁重さを持っているのです。よく人生啓蒙《けいもう》書などでは「誠実さこそが第一」などということを書かれていますが、確かに誠実さは不可欠でしょうが、それと同時に狡猾さも必ず併《あわ》せ持っていなければならないといえます。

誠実さと狡猾さは金に強くなるためには「両輪」といえるものです。筆者は、誠実さだけを持っている金に強い人にお目にかかったことは一度もありません。

●「金を汚いもの」と思う人は、金に呪われる

お金のことを「汚いもの」と考えている人がいます。

「お金の話をするのは嫌」とか「お金を儲けるために労力を使いたくない」とか、そういう人って、けっこういますよね？

でも、そういう人に言いたいことがあります。

「じゃあ、あなたはお金がなくて生きていけるんですか？」

と。お金なしで生きていけるんだったら、お金のことを考えなくてもいいでしょう。でも、今の世の中で、それは不可能です。

「お金のことを考えたくない」と思っている人でも、ほとんど毎日、なにかしらお金を使っているはずです。

そして、こういう人たちも本音では、お金は欲しいと思っているのです。でも、お金のことを考えるのは面倒くさい、カッコ悪いなどと思っているので、お金のことを忌避《きひ》してしまうのです。

こういう人たちは、得てしてお金のことは、他人に任せっきりになってしまいます。会社で働いていても、どうやったら給料が上がるかを考えたり、そのための努力をしたりしないのです。

それでいて、自分の取り分が少なくなったら、世間に文句を言ったりするのです。

お金のことについて、ちゃんと考えないと、結局、お金で苦しむことになるのです。

●お金の交渉を面倒がってはダメ

お金に強くなる秘訣《ひけつ》として、「お金の交渉を面倒くさがってはダメ」ということがあります。

お金の交渉は誰だって面倒くさいものなのです。

商売をやっている方はわかると思いますが、商売で一番大変なのは客にお金を払ってもらうことです。客によっては、商品（サービス）だけ先に受け取っておいて、支払いになると値切ろうとしたりする人もいますし、いつまで経《た》っても払ってくれない人もいます。

そういう人に対してうまく交渉し、きちんとお金を払ってもらうというのは、けっこうエネルギーが必要となるものです。

これは商売をされている方だけに限りません。

友人知人との飲食での支払いだってそうです。

誰が出すのか、割り勘にするのか、割り勘にした場合、誰が集金して店に払うのか、そういうのって面倒くさいでしょう?

後で払うと言っておいて、なかなか払ってくれない人などもいます。下手にうるさく言えば、金に汚い人だと思われるかもしれません。

そのため、「いいや、自分が我慢すれば」とその場を収めてしまう人も多いはずです。しかし、その場では我慢出来ても、だんだん腹が立って来たり、そういうことが度重なれば、相手の人と疎遠になったりしてしまうこともあります。そうなれば、誰もが不幸になってしまうのです。友人知人のためにも、お金の交渉を面倒くさがってはいけないのです。

「お金を汚い」

と言っているような人も、本音を言えば、お金の交渉が面倒くさいだけなのです。

だから、自分はお金に関しては文句を言わない、というような姿勢を取りたがるのです。

しかし、そういう人でもお金のことで自分が損をすれば、面白くないし、根《ね》にもったりするわけです。そして人間関係が悪化したりもするわけです。

●金に強い人は金にせこくない

前項の話からの続きですが、本当に金に強い人というのは、金にせこくはないのです。

金にせこいとかせこくないとかいうのは、明確な基準はありません。人の主観で判断されるものです。

つまり「金にせこくない人」というのは、人から「金にせこくない」と思われているのです。

金に強い人というのは、人から「金にせこい」と思われることはありません。でも、金はちゃんと持っているのです。

なぜ、彼らが金にせこくないと思われているのか、というと、払うべきときにはちゃんと払っているからなのです。

たとえば、友人と飲食をしていても、すごく金を持っている人が割り勘分しか払わないのなら、その人は金にせこいと思われます。また下請け企業などに対して値切りまくるような経営者もまた、金にせこいと思われます。

しかし、金に強い人というのは、その点はきっちりわきまえています。自分が払うべきときには、しっかりお金を出すのです。

そして、そうすることは、次の利益にもつながるのです。

「この人は金にせこくない」

と思われれば、たくさんの人が寄ってきます。

優秀な人も、その人の周りに集まってきます。それは長い目で見れば、自分の利益を増やすことになるのです。

一時的に金持ちになっても、やたら金にせこい人は、周りから見放されていきます。そうなると、長続きしにくくなるのです。

中には、金にせこいまま、長く金持ちをやっている人もいます。

でもそういう人の周りには、優秀な人が集まったりしませんから、いつも気を張っていなくてはならないし、いつも金を稼ぐために追われることになるのです。そういう人は、本当の意味で「金に強い」とはいえないのです。

●自分がやりたいことはすぐにやる

金に強い人というのは、実行力があるものです。

そして、実行するためには、自分のアイディアを、具体的に行動に移していくコンセプトを明確に打ち出しているものです。

アイディアだけならば、誰でも浮かぶのです。でも、それを具体的な計画に起こし、行動に移すということはほとんどしません。

これは、別に「事業」だけのことではありません。

「遊び」とか、「自分がやりたいこと」などについてもそうです。

ほとんどの社会人は、自分がやりたいと思っていることでも、ちょっと時間がかかるものだったり、手間がかかるものだったら、なかなか出来ませんよね。「いつかやろう」と思っていながら、忙しさにかまけて、ずるずると時間が経ってしまって、結局、興味を失ってしまったというようなことが多いですよね。

でも、金に強い人というのは、自分がやりたいことをすぐにやります。どんなに忙しくても「いつかやろう」とは思いません。

そして、いろいろなことをすぐに実行するということは、経験値が上がることになります。

いろいろなことを次々にやるから、自分の行動範囲が広がり、選択肢も増えるのです。

また自分が何が得意で何が不得意かもわかるのです。

そうすることによって、これは「すべき」とか「すべきではない」というような「決断力」がつくのです。

●ユダヤ人はなぜ、金儲けに長《た》けているのか？

金に強い人の共通する特徴として、「ちゃんと休んでいる」というのが挙げられます。意外に思われるかもしれませんが、金に強い人というのは、休暇はちゃんと取っているものなのです。

偉人伝として語られる経営者というのは、だいたい「来る日も来る日も寝る間《ま》を惜《お》しんで働いていた」というようなことになっています。

しかし、筆者の知っている金に強い人には、まったく休みを取らないというような人はいませんでした。それどころか、けっこう長い休みを取ったりするのです。

また金に強い人は、早寝早起きという特徴もあります。

金に強い人は、毎日、夜遅くまで仕事をしているというイメージがありますが、彼らは仕事は早く切り上げ、また遊びも毎晩深夜までということはほとんどありません。意外に思われるかもしれませんが、寝る時間はけっこう早い、そして起きる時間も早いという人が多いのです。

ところで、ユダヤ人というと、金儲けのうまい人たちということで有名ですよね？

実際、欧米の大手の企業、金融機関などには、ユダヤ人が作ったり、経営したりしているところがかなりあります。世界の富豪番付などでも、人口比から見れば、ユダヤ人は飛びぬけています。

ユダヤ人はなぜ金儲けに長けているのか？

これは、学問的な研究材料になったりもしていますが、実は明確な答えはでていません。

というのも、ユダヤ人とは、一つの民族ではないのです。

ユダヤ人というのは、ユダヤ教を信じる人たちのことです。そして、ユダヤ教を信仰している人たちは、欧米だけではなく、中東、アジア、アフリカなど広範囲にわたっています。金儲けに成功しているユダヤ人も、欧米系だけではなく、中東系もいれば、アジア系もいます。

では、ユダヤ教の中に、その教えがあるのでしょうか？

でも、ユダヤ教というのは、旧約聖書を聖典としています。旧約聖書は、キリスト教徒やイスラム教徒も聖典としていますので、ユダヤ教の中に、「金儲けの教え」があるということも、考えにくいのです。

筆者はユダヤ人のある習慣に、着目しています。

ユダヤ人は、一週間に一度、必ず休むという習慣があります。これは、キリスト教徒にもありますが、ユダヤ人ほど厳格ではありません。ユダヤ人は、一週間に一度は必ず休まなければなりません。その休みの日には、家事やレジャーさえしてはならないのです。最近では、そこまで厳格に守らないユダヤ人も増えているようですが、それでも休日はしっかり取ります。

実は、この習慣が、ユダヤ人の成功の一要因になっているのではないか、と筆者は考えるのです。

どんなに仕事が忙しくても、どんなに重要な仕事をやっていても、週に一度だけは休む、その習慣が実は、仕事にも好影響を与えているのではないか、ということです。

私たち日本人は、休まずに働くことが美徳のように思ってきました。

でも、忙しいから休めないと言って休まずに仕事を続けていると、長い目で見れば、能率は落ちるはずです。ちゃんと休んで心身をリフレッシュしたほうが、絶対に能率は上がるのです。

また、休みを取って仕事からいったん離れることで、仕事を客観的に見ることが出来ます。そうすることで、新しいアイディアが浮かんだり、問題解決方法を見つけたりすることが出来るのではないでしょうか？

凡人にとっては、忙しいときに休むというのは、なかなか出来にくいものでもあります。なので、ユダヤ人のように休むことを自分に義務として課すというのは、ひじょうに有効な手かもしれません。

●金に強い人はよく遊ぶ

〝金に強い人〟の共通する特徴として、ちゃんと休むということとともに、よく遊ぶということがあります。

どんな業界の社長も、出来る人は必ずよく遊んでいます。

社長というのは、だいたい忙しいものですが、その忙しい中でも、必ず時間を作って遊んでいるのです。

その遊び方も多彩です。

ゴルフやマージャンなど、普通の遊びもこなします。けれど、普通の人があまりしていないような趣味を持っていることも多いものです。ラジコンのヘリコプターを飛ばすのが趣味だったり、若いミュージシャンのファンクラブに入って、毎回コンサートに行っていたり。

おそらく、金に強い人というのは、遊ぶことで気分をリフレッシュさせたり、好奇心を刺激することで、頭を柔軟にしたりしているものと思われます。

●アリにも、キリギリスにも、なってはダメ

お金や仕事に関する考え方として、時々「アリとキリギリス」の童話が用いられることがあります。

アリとキリギリスの童話、ご存じですよね？

一生懸命働くアリを馬鹿にして、遊び呆けていたキリギリスが、冬になって食べ物がなくなって困ってしまう、という話です。

この話は「先のことを考えないで遊び呆けていたら後で大変ですよ、ちゃんと働き

なさい」という教訓的なものです。

自分はアリのタイプか、キリギリスのタイプか、友人と言い合ったりしたこともおありかと思います。

が、金に強い人というのは、実は、アリでもキリギリスでもありません。

遊んでばかりいる人もいませんし、かといって、働いてばかりというわけでもありません。

ちゃんと働いて、ちゃんと遊ぶ、という感じです。

アリとキリギリスの中間ですね。

正確に言うと、アリとキリギリスの中間ではありません。

どちらかというと、キリギリスよりです。

「ほどほどに働き、よく遊ぶ」

という人が、もっとも「お金に強い」と思われます。

言い換えれば、「遊ぶために働く」ということです。

遊ぶことをあまりせずに、仕事ばかりの人というのは、あまりお金に強くないことが多いです。中小企業の経営者などは、貧乏性の人も多く、「ずっと休みを取っていない」というような人もけっこういます。

そういう人たちには、筆者から見れば「お金に強い人」はほとんどいません。いつも資金繰《ぐ》りに困っていたり、お金を持っていても使い方を知らない、というようなことが多いのです。

●金に強くなるためには、自分の世界を広げること

金に強くなるためには、自分の世界を広げることも大事です。

金に強い人というのは、自分の世界が広いものだからです。仕事以外の付き合いもかなり多いものです。仕事だけの付き合いしかない人は、なかなか仕事も広がりませんし、結果、お金に強くもなれないのです。

事業、ビジネスでは、「情報」「人脈」というものがひじょうに重要になっていきます。

事業のヒントを得るには情報が不可欠です。また会社を辞めて独立したときは、人

脈がどれだけ広くて太いかが生命線になるとさえ言えます。

が、普通にやっていると、なかなか仕事以外の人間関係は築けないものです。サラリーマンの方などは特にそうでしょう。サラリーマンを10年もやっていると、会社以外の人間関係というのはひじょうに希薄になってしまいます。

だから、常に努力をしていないと、仕事以外の人間関係は築けないのです。

仕事以外の人間関係を築くということは、ビジネスのヒントを得やすくなるということでもあります。いろいろなところに情報源があれば、ビジネスのヒントは得やすいものです。

仕事だけの人間関係の中では、仕事以外のビジネスについての情報は疎《うと》くなってしまいます。だから、仕事以外の人間関係が重要となるのです。

少し前、異業種交流会というものが流行したことがありました（現在では単なる合コンの別名になっているようですが）。それと同様のことです。異業種交流会というのは、自分の会社のビジネスだけではなく、他のいろいろな業界の人と付き合うことで視野を広げようという趣旨でした。その発想は確かに起業時に重要な要素だと言えます。

仕事以外の人間関係を築くというのは、別に起業のための勉強会とか、ビジネス○○セミナーに行って名刺交換しろとかそういうことではありません。筆者はそう大げさなことを言っているのではありません。

社会人サークルに参加してみたり、習い事をしてみたり、地域の集会に参加してみたり、要は仕事とはまったく関係のないところに身を置いてみるということなのです。飲み屋で仕事以外の友人を作るというのも手だと思われます。インターネットのオフ会に参加してみるのもいいでしょう。

そして、そういう場所では、「金儲けのためのヒントを摑《つか》もう」として目をランランさせている必要はありません。自分の好奇心や趣味の世界を広げつつ、頭の片隅にお金のことを置いておけばいいのです。

要は、自分の世界を広げるということです。

●お金は、幸福になるための道具の一つにすぎない

「金は使うもの。金に使われてはダメ」

金に強い人はよくこういうことを言います。

どういうことかというと、「金儲けというのは、お金を使うためにするもの。金儲けだけが目的になってはダメ」ということです。

お金というのは、人が幸福になるための道具の一つにすぎません。道具は上手に使ってこそ生きるモノなのです。

たとえば、金に強い人は、金を使う時にはちゃんと使います。金に強い人のほとんどは、一年に何回かは長い休みを取って家族サービスなどをしておりました。

「自分は、家族と楽しく暮らすために必要な金を儲けているのであって、金儲け自体が目的ではない」

ということなのです。

金儲けのうまい人の中には、金儲け自体が目的となっている人が多々います。よく、テレビにでてくる実業家などでも、いますよね？　そういう人のことを、筆者は

本当に「金に強い人」とは思いません。

幸福になるための道具にすぎない「お金」が、人生のすべてになってしまっているのです。そういう人は、いくらお金を儲けても満足出来ないわけで、たくさんお金を持っている癖にいつもお金に追われる生活をしなくてはなりません。お金を稼いでも稼いでも幸福にはなれないのです。

そういう人は、実はお金の本質を知らないと言えます。

お金というのは、使ってナンボだということなのです。

●人生に「掘り出し物」なんてない

何か買い物をする際に、気をつけなくてはならないことがあります。

それは人生に「掘り出し物」なんてないということです。

たとえば、中古車などで掘り出し物を見つけたと思っても、その車が安いのは必ず何か理由があるのです。理由もなく、物を安く売る人などいないのです。そして、中古車に限らず、世の中のあらゆるものに、「掘り出し物はない」のです。

「いや私は掘り出し物を見つけたことがある」

という人もいるでしょう。

確かに、世の中には時々、掘り出し物としか言えないモノが出回ることもあります。

しかし、その掘り出し物にも必ず安い理由があるのです。掘り出し物の中には、理由が明らかになっていないものもたまにはあります。だから買ったほうとしては、「理由もなく安い」ということになるのですが、実際は理由が明らかになっていないだけであって、安く売るだけの理由はちゃんとあるのです。

たとえば、ネットで普通は10万円もするブランド品が、2万円で売られていたとします。その商品は、紛《まぎ》れもなく本物で、保存状態も問題ありませんでした。買ったほうとしては、掘り出し物を探り当てたと思うでしょう。しかし、これにも売った人が急にお金が必要になったなど、れっきとした理由があるのです。

こういう掘り出し物であれば買ったほうは損はしませんが、しかし、「理由がわからない掘り出し物」の中には、損をするものも多々あります。

とにかく、「理由もなく相場をかけ離れて安いものはない」ということは、しっかり肝に銘じておいたほうがいいと言えるのです。

●「形式的に儲かっている人」と、「実質的に儲かっている人」

金に強い人というと、やはり儲かっている会社の社長さんがまず挙げられるでしょう。

ただ、この「儲かっている会社」というのには、二種類あります。

「形式的に儲かっている会社」と「実質的に儲かっている会社」です。

そして、金に強い社長さんというのは、形式的に儲かることよりも、実質的に儲かることを優先します。

どういうことか、一般の方にはよくわかりませんよね？

ちょっと詳しく説明しましょう。

企業活動の目的は「利益」を上げることだと言えます。

利益というのは、普通、会社の売上から経費を差し引いたものです。

でも中小企業、オーナー企業にとっての利益というのは、その原則とはちょっと違います。中小企業、オーナー企業にとっての利益というのは、会社の利益プラス、社長やその家族が受け取る報酬だといえます。

会社の利益には、法人税という高率の税金がかかってきます。しかし、社長や家族が受け取る報酬には、法人税はかかってきません。だから、社長やその家族が受け取る報酬を多くしたほうがいいということになります。

中小企業では、人件費の使い方次第では、利益はいかようにでもなる、といえます。

たとえば、筆者が税務調査に行ったところで、こういう会社がありました。

その会社は、水道の修理業などをしており、毎年、ほとんど利益は出ていません。けれど、社長はでっかい家に住んでいて、乗っている車はベンツです。

この会社、法人税は払っていません。

調査官としては、税金を払っていないのに、社長がこんないい生活をしているのは腑《ふ》に落ちません。

筆者は、なんとかこの会社から税金を取りたい、と思って頑張って調査に赴《おもむ》きました。調査官も人の子、税金も払っていないのに、いい生活をしているような人からは、たくさん税金をふんだくりたいと思うものなのです。

「この会社は絶対、脱税しているはず。俺は、巨額の脱税を発見してやる！」

若かった筆者は、そんな正義感に燃えていたものです。

しかし、この会社は脱税などしていませんでした。

この社長がなぜ豊かな生活をしているのかというと、ありとあらゆる会計方法を使って、経費をしっかり出していたのです。そのため、会社の利益が出ずに、法人税はかかっていなかったのです。

まず社長への報酬は1000万円以上出しています。つまり、赤字会社だけれども社長は高給取りだったわけです。

またこの会社は、社長の住居費、車、生活費、遊興費などを会社の経費から出していました。つまりこの社長は会社の経費として自分の個人的な経費を肩代わりさせ、実質的な利益を増やしていたわけです。

会社の税務では、一定の条件をクリアすれば、それは可能なのです。

ほかにも、接待交際費や福利厚生費などをしっかり使っていました。

それやこれやで、会社の利益ほとんどなくなり、税金も払わなくていい、ということになっているのです。

もちろん、すべての会社が利益を出さなくて良いわけではありません。銀行から融資を受けているような会社や、大企業と取引をしているような会社は、体裁上、黒字決算にしておかなくてはならないケースもあります。

しかし、そういう必要のない会社は、赤字にしたっていいのです。

形式的には儲かっていないように見えますが、実質的にはたんまりと儲かっているのです。

第二章

金持ち社長たちの錬金術

●金を儲けるシステムを作ること

お金持ちの人って、なぜお金持ちになったのか?

だれもが知りたいことですよね。

このテーマは、雑誌やビジネス書などでもいろいろ取り上げられることがあります。

「お金持ちは日ごろの心がけがいい」

「お金持ちはお金に愛されている」

などと、ウソかホントかわからないようなことも言われていますよね。

筆者は、国税調査官のときにさんざんお金持ちに会ってきたわけですが、お金持ちが心がけがいいとか、人格者だとかいうことは、ありません。これは、絶対に断言出来ます。

確かに、たまには、お金持ちの中にも立派な人もいます。

でも、そうでない人のほうがはるかに多い。というか、立派な人でも、必ずしたたかな面を持っています。だから、人徳と金持ちというのは、ほとんど因果関係はないといえます。

で、お金持ちがなぜお金持ちになれたのか、というと、これは実は簡単です。お金持ちは、お金を儲ける手段を知っている（持っている）ということだけなのです。

お金持ちになった人というのは、必ず金儲けの方法を知っています。それは、「心がけがいい」などという抽象的なことではなく、具体的、現実的なことです。たとえば、独占的な隙間産業を見つけていたりとか、都心の一等地の土地を父祖の時代から持っていたりとか、その方法はさまざまです。が、お金持ちならば、だれでも必ず〝お金を儲ける具体的な手段〟を持っているのです。

「心がけをよくすればお金持ちになれる」などという胡散《うさん》臭いビジネス書を読んでいたって、絶対にお金持ちになんかなれないのです。お金持ちになるには、具体的な金儲けの手段が必要なのです。

本章では、具体的な金儲けの手段、つまりどういうふうに事業を行なえば、金に強くなるのか、ということを述べていきたいと思います。

サラリーマンの方は、自分は事業家ではないので、「事業なんか関係ない」と思われるかもしれません。

しかし、会社も事業をやっているわけだし、サラリーマンもその事業から収入を得ているわけです。サラリーマンの方も、事業の収益を上げれば、自分の収入や地位に影響するわけなので、「どういうふうに事業を行なうべきか」ということを知っておいて損はないわけです。

●事業を成功させるための3要素

筆者が知っている限り事業を成功させるために必要な要素は、3つだけだといえます。

一つ目は「金儲けのスキーム」を確立すること。

事業でまず大事なのは、「金儲けのスキーム」です。これがなければ、どんな企業も成り立っていきません。逆にいえば、これを持っていれば、どんな人でも事業家になれるし、金に強くなれるのです。

「金儲けのスキーム」というのは、事業を行なう上でそれがちゃんと利益に結びつくシステムとなっていることです。

偉大な経営者というのは、必ずこのスキームを作っています。

たとえば、松下幸之助《まつしたこうのすけ》もそうです。彼がもっともすぐれていた点というのは、人柄でも理念でもありません。二股ソケットを作ったという点です。

日本で電化製品が出回り始めたころ、まだ家庭のコンセントの設備が整っていなかったので、彼の作った二股ソケットはひじょうに重宝されました。それがなければ、彼は、後に世界的な大企業を作り上げることもありませんでしたし、〝経営の神様〟などと奉《たてまつ》られることもなかったのです。

その点に気づかずに松下幸之助の経営哲学や人生論などをありがたく読んでいても、けっして経営はうまくいったりはしないのです。

それと、次の一つは資金調達能力です。

事業を行なうには、多かれ少なかれ、資金が必要です。

必要な資金を調達出来ない人は、絶対に企業経営など出来ないのです。資金を調達するためには、「会社の利益」や「自分の使える金」を把握しておかなければなりませんし、税金対策も必要になります。これはまあ、当たり前といえば、当たり前です。でも普通の人には、これがなかなか出来ないのです。

そして最後の一つは、危機回避スキルです。

事業をしていると、一度や二度は必ず存立を脅《おびや》かされるような危機が訪れます。そのときに危機をどう回避するかが、経営者としての真価でもあります。危機を回避するためには、予防策も講じておかなければなりませんし、いざというときに助けてくれる人とのコネクションも持っていなければなりません。

ネットが発達して、事業にはコネなど不要になっていると思われますが、でもやはりコネクションがあるのとないのとでは、全然違います。

「金儲けのスキーム」「資金調達能力」「危機回避スキル」とりあえず、この3つがしっかりしていれば、経営はなんとかなるのです。

経営理念、会計知識、人材育成、リーダーシップなどは、この3つが揃ったあとの話であり、いわば枝葉の話なのです。この3つが揃わない限りは、ほかの面がいくら充実していても、事業は成功しないのです。

●人の気持ちがわからない人には、事業は出来ない

金儲けのスキームを見つけるために、もっとも大事なことは「人の気持ちがわかること」だといえます。

これは、「人間は他人を大事に思いやらなければならない」などという道徳的な話をしているのではありません。ごくごくビジネス・スキル的な話です。

それは金儲けのスキームを見つけるには、「金儲けの方法」をダイレクトに探すのではなく、「人が欲しているものは何か」を探すべきだという意味です。筆者がこれまでに見てきたうまくいっている会社というのは、必ず「人が欲しているもの」を探し当てていました。

たとえば、筆者が出会った経営者には次のような人がいました。医療器具の卸会社を経営しているTさんという人です。

彼は、もともとは医療関係のメーカーのサラリーマンをしていました。彼はその仕

事の中で、病院や医者は、医療器具についての知識がひじょうに乏しいことを知りました。病院や医者は、メーカーの口のうまいセールスマンに簡単に乗せられて、高額の医療機器を買ってしまっていました。

それに気づいた彼は、病院や医者に対して、「医療機器のコーディネートをする」という仕事を思いつきます。その病院や、その医者に本当に合った医療機器を紹介するのです。この仕事は病院にも医者にもありがたがられ、すぐに事業は軌道に乗りました。

また、こういう経営者もいました。

ビルの清掃事業をしているKさんという人です。この人は、長く建設現場で働いていたのですが、建設したビルの清掃をしてくれる清掃会社が少なく、ビルの管理会社が困っているということを知りました。そこで、ビルの清掃を専門にする会社を作ったのです。

こういう具合に、うまくいっている経営者というのは、必ず、「人が欲しているものは何か」ということを掴《つか》み、それを提供することに成功した人なのです。松下電器にしろ、ソニーにしろ、ホンダにしろ、基本は同じです。

●事業者、経営者のほとんどは、元サラリーマン

事業をするとなると、何か「斬新なアイディア」とか、「特別な技術」がなくてはならないというイメージがあります。

しかし、事業者の誰もが松下幸之助や本田宗一郎《ほんだそういちろう》のような発明品を持っているわけではありません。

というより、事業のほとんどは、実は前の会社などでやっていた仕事を、独立開業してそのまま行なうというものです。

新しいアイディアによる起業よりも、自分がやっていた仕事での起業のほうが、成功する確率も高いようです。

たとえば、筆者の国税調査官時代、内装業の税務調査などによく行きました。この内装業は、独立開業した人がひじょうに多い業種でした。一定期間、どこかの会社で仕事を覚えた後に、自分の知り合いが多いホームタウンなどで開業するのです。

また筆者は今、出版業界で仕事をさせてもらっていますが、出版業界にも独立開業者はひじょうに多いです。

中小出版社のほとんどは、社長が自分で起業したものですし、編集プロダクションもそうです。彼らは、最初はどこかの出版社に勤務していて、本を作るという技術を会得し、機会を見て自分で会社を起ち上げているのです。

内装業や出版業に限らず、製造、卸売り、小売り、さまざまな業種で、起業することは可能なのです（一定の枠があって許認可が必要な業種は別ですが）。

もちろん「昔からある仕事で事業を興す」場合でも、成功するケースと失敗するケースがあります。

「昔からある仕事」で成功するには、二つの重要な条件があるといえます。

一つは、技術がしっかりしていることです。

当たり前のことかもしれませんが、独立開業するには、やはりそれなりの技術力が必要なのです。その人だったら、独立せずに会社の中にいても出世しただろうというくらいの腕は必要となるようです。

それともう一つ、営業的にある程度の目論見《もくろみ》がたってから独立しなければならないということです。

自分がまだ会社勤めをしている間に、ある程度の顧客を確保していたり、自分の知り合いが多く必ずある程度の仕事が見込まれる場所で開業するなど、最初からある程度の売上が見込めるようになってから開業するようです。

まったく客が来る見込みがないのに、ゼロから始めると、かなりの確率で失敗するようです。

まとめますと自分の今やっている仕事で起業する場合は、しっかりした準備が必要ということです。

●自分に合う方法を見つける

楽してお金を稼ぐためにはどうすればいいか？

それには、まず自分に合った金儲けの方法を見つけることです。

金を稼ぐ方法というのは、いくらでもあります。

「お金はこうして稼がなくてはならない」

というような、縛《しば》りなどはないのです。

自分に合った方法を見つけるためには、自分の得意不得意を客観的に把握する必要があります。

まずは得意なものを探してみましょう。

「ネットで細かい情報を集めるのが得意な人」

「人と話をするのが好きで、人間関係のパイプがものすごく広い人」

「何かを作ることがひじょうに好きな人」

「組織の中で力を発揮出来る人」

などなど、誰でも一つや二つは得意なことがあるはずです。

が、これだけで金儲けの方法を選んではいけません。

自分が不得意なものもチェックしなければならないからです。

不得意なものは、さっきとは逆のパターンとなることも多いはずです。

「お金に関する計算が苦手」

「ネットなどで情報を集めるのが苦手」
「人となかなか打ち解けることが出来ない」
「組織の中でうまくやっていけない」
などなどです。

これらの得意不得意を組み合わせて、自分に「何が合うのか？」を考えていくのです。

要は自分の一番強い部分を見極めて、それを使って金儲けをするということです。

これは、当たり前のようでいて、なかなか実行出来ないのです。

まず自分の強みを人はなかなかよく知らないものです。

たとえば、サラリーマンの方の場合は、自分は会社の仕事があるから金儲けなどは出来ない、と思い込まれている方がたくさんおられます。金儲けに関して、自分は強みなんかない、と。

しかし、けっしてそうではありません。

確かにサラリーマンならば、大々的な事業などはなかなかやりにくい立場にあります。しかし、ちょっとした不動産投資や、ちょっとしたＳＯＨＯ（Small Office/Home Office）などでは、他の人よりもやりやすいという境遇にあります。

事業を始めるにしても、サラリーマンの場合は、副業としてテスト試行をすることが出来ます。安定した収入があるので、余裕を持って事業を始めることが出来ますし、うまくいかないなと思えばすぐに撤退することも出来ます。

これが、自営業者などではそうはいきません。いったん事業を始めれば、命がけでやらなくてなりません。失敗したり、収入が上がらなければたちまち、生活に困ってしまうわけですから。そうなると、なかなか「失敗から学ぶ」ということは出来ませんし、失敗しても撤退出来ずにドツボにはまる、ということもあるのです。

自分で事業をされている方の多くは、元サラリーマンなのです。

また金儲けというのは、事業を始めることばかりではありません。何かの技術を身に付けて収入をアップするという方法もあります。これも、サラリーマンの場合は、安定収入があるのだから、余裕を持って行なうことが出来ます。

そういう点も含め、冷静に、客観的に自分は何に向いているのか、何が強いのか、ということを考えてみるのが重要なのです。

●ラーメン屋と中華料理屋は、どっちが儲かるか？

前項では、金儲けをするには自分に合う方法を見つけることだと述べましたが、ここでちょっと興味深い比較をしてみたいと思います。

ラーメン屋と中華料理屋って、どっちが儲かると思いますか？

どちらも似たような商品を扱っているので、同じくらいと思われそうですが、実は両者は、商売の性質としては全然違うのです。

具体的に言えば、中華料理屋は安定的だけれども、ラーメン屋は当たり外《はず》れが大きいということです。

ラーメン屋はたまに大儲けすることが出来るけれど、失敗することもひじょうに多いのです。ラーメン屋は新規参入がとても多く、毎年、首都圏だけで約２００軒の開店があるそうです。

しかし、毎年、開業と同じくらいの数の閉店もあるのです。またラーメン店の新規開業者の15％は、2年以内に廃業しているそうです。

その一方、中華料理屋は、新規開業は少ない代わりに、閉店もあまり多くありません。

国税調査官時代の筆者の感覚から言っても、ラーメン店に比べれば、一店当たりの平均寿命はひじょうに長いはずです（明確な統計はありませんが）。

つまり中華料理店は、大儲けはあまり出来ないけれど、一定の条件さえ満たせば確実に儲けることが出来るのです。

だから答えは、大儲けするのはラーメン屋だけど、確実に儲けられるのは中華料理屋ということになります。

ラーメン屋と中華料理屋というと、メニュー的には似通っていますけれど、経営的にはまったく違います。

ラーメンというと、今やいろいろな種類のものがあります。極端にいえば、店の数だけラーメンの種類があるとさえいえます。

そして、ラーメンに対して日本人は強い思い入れがあり、美味しいラーメン店ならば、遠方から訪れたり、長い時間を待つこともあります。だから、そのラーメン店の味が受ければ、その店はたちまち大繁盛することになります。

その一方、中華料理店というのは、その店その店に若干の味の違いはありますが、だいたい味の予測はつきます。客のほうも、中華料理店に対して、「その店でしか食べられない特有の味」を求めるというより（そういう店もあるにはありますが）、ボリュームのある食事を手早く取りたいということを求めています。

だから、中華料理店の場合は、味が一定のレベル以上で（まずかったりしない限り）、近くに競合店がなく、そこそこ人が住んでいる地域であれば、だいたい商売として成り立つといえます。

このラーメン屋と中華料理屋の比較というのは、新しいアイディアで起業するか、今までやってきた仕事で起業するか、という比較に近いと思われます。

ラーメン屋というのは、その店特有の味を出さなければ、なかなか客は増えません。つまり新しいアイディアがないとダメなのです。

しかし、中華料理店の場合は、新しいアイディアはなくても、とりあえず一定レベルの中華料理を作る技術さえあれば、成り立つのです。

これはどっちが得か、どっちが正しいかという話ではなく、起業の性質を言っているのです。新しいアイディアで起業すれば大儲けする可能性もあるが失敗する可能性も高い、今までの仕事で起業すれば、大儲けする可能性はあまりないけれど、一定の儲けは見込まれるということです。

また必ずしも新しいアイディアがなければ起業出来ないわけではない、成功出来ないわけではない、普通のことをしっかりやれば、ある程度は儲けられるということでもあります。

どちらがいいかは、その事業者の性格や能力によると思われます。

つまりは、自分に合った事業を選ぶというのは、そういうことなのです。

●金儲けのシステムには「価格設定」が重要

金儲けのスキームを作る際には、二つのことを考慮しなければなりません。

一つは「売上」、もう一つは「経費」です。

事業をする以上は、売上がなければまったく意味がありません。

だから、まずはどうやったら売上を上げられるかということを考えなくてはなりません。要は、売れる商品（サービス）を開発するということです。なんでもいいから、人がお金を出して買ってくれるものを探し出すのです。

事業はまずそれからということになります。

そして、もう一つの重要な点は、経費を利益が出るような水準までに抑え込むということです。

もし売上はけっこうあっても、経費がそれを上回るならば、商売は成り立ちません。逆に言えば、売上はそれほどではなくても、経費が低くて利益率が高ければやっていけることもあるということです。

つまり、利益を出すための価格設定を行なわなければならない、ということです。

これも、当たり前と言えば当たり前ですね。

しかし、この感覚が意外に難しいのです。

事業の費用には、流動費と固定費というものがあります。流動費というのは、仕入れなど状況に応じて増減する費用のことです。固定費というのは、家賃などどんな状況であってもかかってくる費用のことです。

事業をやっていると仕入れ値よりも、少しでも高い値段で売れば利益が出るような錯覚を覚えるときがあります。確かに仕入れ値よりも高い値段で売れば、仕入れに関しては損はしないものです。

ですが、固定費とのトータルを考えると、まだ利益は出ないということになります。

「薄利多売」という言葉があります。これは、利益を薄くして、たくさん売るという意味です。確かに、利益は薄くてもたくさん売れれば、事業は成り立ちます。しかし、この「薄利多売」も固定費を賄《まかな》う以上に売らないと、商売は成り立ちません。

そして、この価格設定の感覚を身に付けるには、自分の商品（サービス）がどれだけ売れるかを正確に知らなければなりません。売上がわからないと、利益が出るような価格設定が出来ないからです。

しかし、売上は価格設定によって、大きく変動します。

だからこそ、価格設定というのはひじょうに難しいのです。

価格設定を間違って失敗したという事業はいくらでもあります。事業の失敗原因の上位に必ず入るものと思われます。

が、この価格設定というのは、明確な法則があるわけではありません。

高くても売れるモノもあれば、安くても売れないモノもあります。

値段を上げても売上が減らないモノもあれば、値段を下げても売上が上がらないモノもあります。

この価格設定の感覚は、「相場感」ともいえるでしょう。これは、自分でいろいろな情報を集め、経験を積むなどして摑んでいくしかないのです。

●なぜ、オンボロな理容店が生き残ったのか？

前項では、売上と経費の感覚を身に付けることが、事業を成功させる秘訣だということを述べましたが、これに関連して興味深い例をここで一つご紹介したいと思います。

理容業の話なのですが、昨今、理容業では1000円程度の格安店が急増しています。そのため普通の理容店は軒並み姿を消しています。

で、生き残った理容店を見てみるとひじょうに興味深いことがわかったのです。

街の真ん中にある、若くて技術の高い理容師がいて、お洒落《しゃれ》な理容店はどこも苦戦していますが、オンボロで辺鄙《へんぴ》なところにある、ジジババがやっているような店はけっこう生き残っているのです。

なぜそうなっていると思いますか?

ここには、経費に関するある重要事項が隠されているのです。

街の真ん中にあるお洒落な理容店というのは、家賃がひじょうに高いのです。そして、理容店などで、もっとも大きな経費は家賃なのです。理容店に限らず多くの業種で、固定費の中で一番高いのが家賃です。

そして家賃が高い店は、損益分岐点が高いのです。家賃が高い店は客が減って少し利益が減ると、すぐに損益分岐点を下回ってしまいます。だからお洒落な理容店は、客が減ったら、すぐに廃業してしまうのです。

しかし、辺鄙なところにあるオンボロの理容店というのは、店舗付き住宅が多いのです。そして、理容師自身がその店舗を所有していることが多いのです。

こういう店では家賃がかかりません。ローンを払い終わっていれば、固定資産税だけで済みます。都会の理容店に比べれば、家賃はゼロに等しいのです。

こういう店では多少客が減ったところで、収入が減るだけで赤字にはなかなかなりません。特に理容業の場合、サービス業ですから仕入れ経費などはかかりません。客一人に対する流動費的な原価はほとんどありません。

つまり客が一人来れば、それだけ収入になるということです。極端な話、一日に客が一人、４０００円の売上しかなくても、月に10万円以上の売上になり、固定費がそれを下回っていれば、商売として成り立つわけです。

「金儲けのシステムを作る」

というと、いかに売上を大きくするかということばかりに目が行きがちですが、経費を低く抑えることが出来れば、売上はそうたくさんはいらないということなのです。

売上と経費の感覚が大事だというのは、そういうことなのです。

「短期間で成功をおさめたい（その自信がある）」というような人は、一等地に店舗（事務所）を借りるほうがいいでしょうが、小規模でもじっくり商売をしたいというような場合は、店舗付き住宅にしたほうがいいでしょう。

●店舗付き住宅の有利さ

前項では、お洒落な理容店がつぶれて、オンボロな理容店が生き残っているというお話を紹介しましたが、この話のキモである「家賃」については、事業を行なう際にはよくよく注意しておかなければなりません。

ほとんどの事業の場合、固定費（人件費以外で）の中でもっとも負担が大きいのは家賃であるということは、念頭に置いておきましょう。

もしサラリーマンの方で、退職した後は何かちょっとした商売でも始めたい、と思っている場合は、退職金で店舗付き住宅を買うというのも、けっこう有効な手だと言えます。店舗が自分のものであれば、家賃を払う必要がありません。

これはひじょうに大きいのです。

商店街などでも、客はあまりいないのに、なかなかつぶれない店ってありますよね？　そういう店は、だいたい店舗付き住宅か、店舗の所有者が商売をしているケースが多いのです。

商売が立ち行かなくなるときというのは、だいたい家賃が払えなくなるときなのです。

駅前の一等地などで商売する場合は、確かに立地的な条件はいいし、大勢の客が見込まれるけれども、その分、費用がかさみます。もし、思ったように売上が上がらなければ、高い家賃が重くのしかかってきます。だから、短い時間で結果を出さなければならないのです。

自分の商売に自信があり、家賃が高くても集客が見込めると思っている人は、一等地に店を構えるほうがいいでしょう。その分、儲けも大きいということになります。

でも、そうでなければ、自宅兼店舗というのは有効な方法なのです。

自分で店を買うとなれば、資金の制約があるので、あまりいいところには店を構えることは出来ないかもしれません。しかし家賃を払わなくていいので、自分が心行くまで商売をすることが出来ます。

企業の場合、店舗を所有するということは、リスクを伴います。その地で収益が上がらない場合、簡単に引っ越すことが難しいし、役員や従業員がそこに住むわけではないので、居住面でのメリットもありません。また土地の値段は増減するので、地価が下がった場合、決算に影響してきます。決算が悪ければ株価に影響してきます。なので、おいそれと店舗を所有することは出来ないのです。

しかし、個人が店舗付き住宅を所有する場合は、住む場所も得られるというメリットもありますし、土地の値段が下がったとしても、ローンを払える間は、何の影響も受けません。店舗付き住宅のメリットは、個人（小規模事業者）だからこそ享受出来るものだともいえるのです。

●スーパーの隣に店を開いて成功した八百屋

ある八百屋を経営している方に、こんな方がいました。

その八百屋は、スーパーの目の前にありました。スーパーの目の前だと、売れないのではないかと普通の人は思います。

しかし、この社長さんは、

「スーパーに来る人というのは、野菜を買いに来る主婦が多い」

「主婦は少しでも安くていいものを探す」

「だからスーパーの目の前に、スーパーよりも少しだけ安くていい商品を揃えれば、絶対に売れる」

そう思って、あえてその立地に八百屋を開いたのです。

この目論見は見事に当たって、ひじょうに繁盛していました。

もし、スーパーよりも悪い品ぞろえしか出来なければ、スーパーにみんな客を取られてしまいますからね。

この八百屋さんは、自分のスキルをひじょうによくわかっていると思われます。

というのも、この八百屋さんは、スーパーよりも安くていい商品を仕入れられるという自信があったのです。

この八百屋さんは、店舗から車で小一時間ほどかかる田園地域に住んでいました。実家は農家で、近所に農家の知り合いはたくさんいます。また若いころは別の八百屋で従業員として働いており、市場からの仕入れ方法などにも長じていました。野菜の品ぞろえには絶対の自信を持っていたのです。

その自信があったからこそ、あえてスーパーの近くに店を構えたのです。

スーパーに来た客は、他の食材はスーパーで買って野菜はここで買うという人が多いのです。

また彼には、謙虚さと計算高さも備わっていると言えます。

いくら品ぞろえに自信があるからといって、辺鄙なところに店を開いても客はなかなか来ません。

商品に自信があるからといって、地代の安い辺鄙なところに店を構える人というのは、けっこういるものです。家賃が安いほうが、儲けが大きくなるからでしょう。もしくは、家賃の高いところには出店する費用がないなどです。が、ほとんどが自滅してしまいます。

品ぞろえも大切だけれども、それだけでは勝負出来ない。そういう点をこの八百屋さんはしっかりわかっているのです。

●柳の下にドジョウは何匹かいる

出版業界では「柳の下のドジョウは一匹ではない」ということが時々言われます。これは、誰かがヒット商品を作ったならば、それを何回か真似すればいい、という意味です。

よく「柳の下にドジョウは一匹しかいない」というようなことが言われます。これは、「人の真似をしても、うまくいかない」という意味です。

しかし、出版業界ではその通りではないのです。倫理的には、あまりよろしくないことかもしれませんがそういうことは往々にしてあるのです。

事業を始めるには二つのパターンがあります。

一つは人の真似をする方法、もう一つは自分独自のものを開発する方法です。

理想論を言うならば、自分独自のもの（方法）を開発するのが、ビジネスとして最良のことでしょう。でも、実際に世の中で行なわれている事業ではどっちが多いかというと、圧倒的に前者のほうが多いのです。

つまり、世の中で行なわれているビジネスのほとんどは、誰かの模倣なのです。いかに割り切って人の真似をするかが、企業家としての成否を握っているともいえます。

もちろん、著作権などの法律に抵触するようなパクリはまずいですが。出版業界には、この手の〝まずいパクリ〟もけっこうあります。もちろん、これはNGですし、裁判などの問題を引き起こすことも多々あります。

法に抵触するような露骨なパクリをせずに、いかに美味しい部分をパクるかというのが、パクリにおいての技術でもあると思います。

つまり、金儲けとは、いかにルールを守ってパクるかということなのです。

●自分の好きなことをやって金儲けをする方法

誰もが、「自分の好きなことをやって金儲けが出来れば最高」だと思っているのではないでしょうか？

起業のノウハウ本や、ビジネスマンの啓蒙書などでも、「自分の好きなことをやれ」というようなことを謳《うた》っていることがあります。

でも、本当に自分の好きなことをやって金儲けは出来るのでしょうか？

筆者がこれまでに接してきた企業経営者を思い起こしてみると、「やり方による」ということです。

確かに、事業が成功している人は、自分の好きなことをしてきた人が多いものです。

好きなことをやることは、成功に結びつきやすい要素もあると思われます。

好きなことをやっていれば、それに対する習熟度が高く、情報なども豊富に持っているものです。つまり、〝好きこそものの上手なれ〟ということです。

また好きなことをやっているのだから、苦難に耐えられるということです。人は好きなことをしているときは、多少の障害があっても諦《あきら》めません。そういうことがあるから、好きなことをすれば成功しやすいとは言えます。自分の好きなこと、興味があることを追求するうちに、それが大きなビジネスになっていた、というようなケースも多々あります。

しかし、成功している人たちは、「ただ自分の好きなことをしているだけ」ではありません。

ちゃんと、自分の好きなこととビジネスが結びつくようなスキームを作り上げているのです。

たとえば、筆者が国税調査官時代に税務調査をした人に、こういう人がいました。レンタルビデオ業をしているAさんです。そのレンタルビデオ店は3店の支店を持ち、かなり繁盛していました。

今でこそ、レンタルビデオ業などは当たり前の世の中ですが、20年以上前の話です。レンタルビデオ業というのは、かなりのベンチャービジネスだったはずです。社長はそのビジネスを20代で開業したそうです。

Aさんは、学生のころから18歳未満禁止のビデオ、つまりアダルトビデオがひじょうに好きでした。その当時、レンタルビデオ店はちらほらありましたが、家族客などが多く、またアダルトビデオコーナーも狭かったので、あまり使い勝手はよくありませんでした。

そこでAさんは、自分でアダルトビデオが充実したレンタルビデオ店を作ることを思い立ちました。

そして会社勤めをしながら、アルバイトまでしてお金を貯め、出店したのです。

店舗は、街中から少し離れたところに開きました。自分の経験上、アダルトビデオを借りるならば、人通りが多いところよりも、人があまりいないところのほうがよかったからです。しかも、そのほうが家賃は安いのです。

また彼は、自分の知識をフルに活用し、人気のあるビデオソフトを揃えました。そして、店舗が増えると、ビデオソフトをローテーションで各店に回し、客に飽きさせないように工夫していました。

自分の好きなことでビジネスをする場合、大事なのは、独《ひと》りよがりにならないということでしょう。前にも言ったようにビジネスにするには、相手が欲しがるものを提供しなければなりません。

それには、情報力や分析力が必要とされるのです。

「どこで何をすれば、どれだけの売上、利益が見込めるのか」

このシミュレーションがきっちり出来ているかいないかが、ビジネスの成功の可否を握っているのです。それが出来ない限りは、好きなことで金儲けは出来ないのです。

たとえば、これも国税調査官時代に出会った事業者にこういう方がいました。

郊外でペンションを営んでいる経営者のTさんです。

そのペンションは人里離れた、観光地でもない場所にあり、無農薬野菜などを提供し、自然に親しむ、というコンセプトを持っていました。

Tさんは、3年前にサラリーマンを辞めてこのペンションを開業したとのことで、この事業をはじめることは長年の夢だったそうです。

Tさんは、学生のころワンダーフォーゲル部に入っていて、自然に親しむ生活にあこがれていたそうです。また、無農薬の食品などにもひじょうに興味を持っていたとのことです。

自然の中で、健康な食品だけを提供するペンションを作ることを夢見て、サラリーマン時代からコツコツとお金を貯めていたそうです。

しかし、このペンション、経営的にはあまり思わしくありませんでした。所得はひじょうに低いのです。

見せてもらった帳簿では、月に4、5件の宿泊者があるだけです。それも経営者の知人などがほとんどだそうです。

このペンションの事業内容を細かく聞いてみると、その原因がわかってきました。

「料理は、どんなものが出るんですか」

「無農薬栽培の野菜を中心に出しています」

「Tさんは、料理をされていたんですか」

「いや、自己流です」

このペンション、「自然食品を食べられる」「自然の中にいられる」ことのほかには、特徴はないようなのです。

アウトドアがブームになり、環境問題がクローズアップされるなか、「自然に親しむ」というコンセプトは、時代を先取りしたものでもありました。

でも都会の人を呼び込むにあたって、〝ただ自然の中にいる〟というだけでは、とても退屈してしまいます。一度は来ても、二度来ようとは思わないでしょう。

この経営者は、ペンションショ経営に関するノウハウが、絶対的に不足していたのです。

●オタクも、ちょっとした努力で金儲けが出来る

自分の好きなことで儲ける方法は、事業をやるというような大げさな規模ではなく、ちょっとしたことでも可能なのです。

たとえば、オタクの方たち。彼らは、ちょっとした金儲けの種はたくさん持っているといえます。

オタクというと、ちょっと馬鹿にされているような感じですが、実は彼らの世界の

中にも、経済的に有益な情報はたくさんあるのです。

オタクというのは、アニメやゲームなどの流行にとても敏感です。あるものが世の中でブームになる前に、オタクたちは先取りしていることがひじょうに多いものです。

たとえば「進撃の巨人」。

これは、「日経ＭＪ」による２０１３年のヒット商品番付で「大関」になっています。テレビ、映画、ＣＤ、ＤＶＤ、関連グッズなどが大ヒットしたわけです。この「進撃の巨人」が世間に知れ渡るかなり以前に、オタクの間では相当に過熱状態になっておりました。オタクの中で「これはいずれ世間でも大ヒットする」ということがわかっていた人はかなりいるはずです。

もし、そういう人たちのうち、目先の利く人が「進撃の巨人」の関連株などを買っておけば、かなり儲けることが出来たのではないでしょうか？

自分の趣味を生かした情報も、やり方によっては金儲けにつながることもあるのです。

しかし、株の売買の知識がない人などは、それは出来ませんよね？

だから、「進撃の巨人」で儲けるためには、アニメに関する情報力プラス、株に関する情報も持っていなければならないのです。でも、それはほんのちょっとの努力で出来るはずです。

ほんのちょっとの努力で、金に強くなれる、というのはそういうことです。

●自信のないときこそ、無理に手を広げない

金儲けをする上で、心得ていなくてはならないことに「いろいろなものに手を出しすぎると失敗する」ということがあります。

事業をしていると、経営者は得てして、いろいろなことに手を出そうとしてしまいます。経営を少しでもよくしたいために、やたらに商品の種類を増やしたり、出来そうもないことにも無理に手を出すのです。

しかし、これは失敗する典型的なパターンでもあります。

人が欲しているものをきちんと提供すれば、事業は成り立つものです。人が欲して

いるものを提供するには、自分の苦手なことに無理に手を出したりしないで、人が満足するモノをきっちり揃えることなのです。

当たり前のことを言っているようですが、これがなかなか出来ないのです。

たとえば、筆者の知っている飲食店で次のようなケースがありました。

その店の経営者は、若いころから調理師をめざし、いろいろなレストランを転々として来た人です。そして、コツコツ貯金して、自分の店を開いたのです。

その店はベッドタウン駅の近くにあり、人通りはそこそこありました。駅周辺には、若い独身者や学生も多かったのです。だから、普通の料理をそこそこの値段で出し続ければ、まずははずれないという環境にあったのです。

その経営者は、料理の腕前もそこそこあったので、しばらく頑張れば、固定客もつくだろうと思われました。実際に、筆者も何度か足を運びましたし、固定客もつきかけているようでした。

しかし、その経営者は、客の入りに不安を感じたらしいのです。

そして、てこ入れとして、メニューを次々に増やしていきました。最初は、和食の丼ぶりものや定食、唐揚げ、焼きそばなどの中華料理など、定番のメニューばかりだったのですが、これに韓国料理が加わり、よくわからない創作料理や、トルコ料理などまで出すようになってしまいました。

メニューを増やしすぎた結果、定番メニューがあまりうまくなくなり、心なしか量も減っている感じがしました。そして、せっかくつきかけていた固定客も離れ、駅前のスナックのホステスが仕事明けにちょっと立ち寄るくらいで、客はほとんど来なくなってしまったのです。

経営者は身体を壊し、資金も底をついたため、店をたたみました。

これは出版業界にも言えることだと思われます。

ひじょうに生意気な物言いなのですが、自信のない編集者の方、これまでヒット作を出したことのない編集者の方というのは、一冊の本にいろいろな情報を詰め込もうとしがちです。特に、筆者のような、あまり知名度のないライターの場合は、編集者は不安を感じるらしく、やたら、いろいろな情報を入れ込もうとする方もいるのです。

でもそういう作り方をした本は、まず売れません。

あまりにもいろいろなものを詰め込みすぎて、何が書いてある本なのかが、よくわからず、誰も買ってくれないというようなことになるのです。筆者が、大すべりした本は、だいたいこのパターンです。

むしろ、かなりニッチな分野であっても、しっかりとした情報を入れ込めば、大ヒットにはならずともそれなりに売れるものなのです。

「自信がないときこそ、無理に手は広げない」

というのが、事業の鉄則だと筆者は思うのです。

第三章

金持ちと貧乏人を分けるのは「情報力」

●金持ちより貧乏人のほうが騙《だま》されやすい

「金持ちから1円を取るより、貧乏人から1万円取るほうが簡単」

税金の世界ではこういうことを言われることがあります。

なぜかというと、金持ちは、お金に関してひじょうに詳しいのです。

税金に関する知識も多く持っています。だから、金持ちから税金を取ろうとするとかなり大変なのです。

金持ちに増税をしようとすると、彼らはあらゆる手を使って抵抗しますし、抜け穴を見つけます。

しかし、貧乏人はそうではありません。

貧乏人は税金のことはあまり知らないので、「今は、国家財政が大変だし、高齢化社会に備えて増税が必要」などと言われれば、すぐにそれを鵜《う》呑みにしてしまうのです。

実際、バブル崩壊以降、消費税など庶民の税金がガンガン増税されてきましたが、高額所得者や資産家の税金は40～50％も下げられているのです。

たとえば、バブル崩壊前、高額所得者の所得税の税率は75%でしたが、今は40%なのです。約半減ですね。

「金持ちから1円を取るより、貧乏人から1万円取るほうが簡単」

という言葉は金持ちと貧乏人の性質をわかりやすく表わしているともいえます。

普通に考えれば、貧乏人はお金に関してとてもシビアのように思えます。そしてお金持ちは、お金に関してルーズのような印象があります。

でも、実際はまったく逆なのです。

お金に強い人というのは、納得のいかないお金や、費用対効果のないお金は、極力払いません。

金持ちだから、簡単にお金を出してくれるだろう、と思ったら大間違いなのです。

一般の商品が売れなくなったからといって、「金持ち相手の高級品を作れば売れるだろう」などと安易に方向転換する企業なども見受けられますが、これはなかなか成功しません。

金持ちほど、財布のひもは固いのです。

金持ちは、自分がお金を出す必要を感じたものでないと、なかなかお金を出してはくれないのです。

よほどの準備をしておかないと、金持ち相手のビジネスは出来ないのです。

その一方で、貧乏人は、ちょっとしたことですぐにお金を使ってくれます。お金に関する知識が浅いし、お金に対する執着も弱いのです。そして、お金に関して、それほど研究もしていません。

だから、貧乏人は金持ちよりもはるかに騙しやすいのです。

●高級フレンチと大衆食堂は、どちらが儲けやすいか?

ちょっと唐突ですが、高級フレンチと大衆食堂はどちらが儲けやすいと思いますか?

もちろん条件によっていろいろ変わってくるはずですが、まあ、そういう条件問題は置いておいて、どちらが儲けやすいか、ということをざっくり考えてみてください。

国税調査官として、いろいろな事業を見てきた身から言えば、答えは大衆食堂です。

高級フレンチのほうが、高い料金を取れるし、金持ち相手の商売だから儲けやすいように思われるかもしれません。

が、けっしてそうではありません。

先ほども述べましたように、金持ちというのはお金に関してひじょうにうるさいのです。それは、お金を使う際にも同じです。

金持ちだから、簡単にお金を出してくれるだろう、と思ったら大間違いなのです。金持ちほど、財布のひもは固いのです。金持ちは、本当に納得のいくものでないとなかなかお金を出してはくれないのです。

だから、高級フレンチを作る場合は、よほど腕のたつ料理人を雇わなければなりません。店のコンセプトや内装なども相当に考えなければなりません。店舗の設置場所も、人通りが多すぎてはいけないし、少なすぎてもいけないでしょう。絶妙のところを選ばなければなりません。

つまりは、相当に練っていかなければ、高級フレンチは通用しないということです。

しかも高級フレンチ店は、一度、人気が出るとひじょうに繁盛しますが、人気が出ない場合は、いつまでも人気が出ずに、そのまま閉店ということもしばしばあります。どうやったら、人気が出るか、というような法則的なものもあまりわかっていません。

その一方で、大衆食堂が売れる条件はとてもシンプルです。

貧乏人は、ちょっとしたことですぐにお金を使ってくれます。

お金に関する知識が浅いし、お金に対する執着も弱いのです。そして、お金に関して、それほど研究もしていません。

だから、人通りがそこそこあるところで、そこそこの味の大衆食堂を作れば、はずれることはほとんどありません。

大して美味《おい》しくもないけれど、ずっと営業を続けている大衆食堂って、たくさんありますよね？

これは、事業全般にいえることです。

一般の商品が売れなくなったからといって、「金持ち相手の高級品を作れば売れるだろう」などと安易に方向転換は出来ないのです。よほどの準備をしておかないと金持ち相手のビジネスは出来ないのです。

簡単に金儲けをしようと思えば、金持ちではなくて貧乏人相手にするべきなのです。

●金持ちと貧乏人を分けるのは、情報力

貧乏人はなぜ騙されやすいのか？　というと、簡単に言えば「情報力の不足」です。

金持ちと貧乏人の差を分けるのは、「情報力」と言っても過言ではないかもしれません。

金に強くなるには、まずはお金に関心を持つことです。

「いや、お金のことは大好きだから、いつも関心を持っているよ」

と多くの方が、思われるかもしれません。

でも、そういうことではないのです。

お金のことをちゃんと知って、ちゃんと付き合うための関心を持つことなのです。

たとえば、あなたに好きな女性がいるとします（好きな男性でもかまいません）。

あなたは、当然、その女性に関心があります。一日中その女性のことを考えているかもしれません。

でも、それだけでは「ただ関心があるだけ」であり、何の進展も生みません。

もしその女性と親しくなりたい、お付き合いをしたり、結婚をしたいというのであれば、「どうすればいいか？」ということを考え、そのための情報を集めるべきでしょう。その女性が、どういう性格なのか、どういう趣味なのか、どういう誘い方をすれば乗ってくれるのか、等々。

「お金に弱い人」

というのは、その点が欠けているのです。

お金のことは大好き、いつもお金がたくさん欲しいと思っている、でも具体的にどうすればいいのか、そのための情報をしっかり集めたりはしないのです。

お金のための情報を集めるというのは、それほど大げさなものでなくてもかまいません。ほんのちょっとしたことでもいいので、お金に有益な情報を集めようと心掛けてみることです。

誰でも、すぐに出来るものなのです。

●金に強い人は情報に強い

繰り返しますが、金に強い人というのは、情報に強いものです。

金に強い人の中には、自分独自のインサイダー情報を持っている人もたくさんいます。

インサイダー情報といっても、証券取引法に抵触するような、上場企業の内部情報というわけではありません。

ここでいうインサイダー情報というのは、「一定の人しか知りえない業界や地域の情報」のことです。

企業家のほとんどは、その情報を元にして商売をしているのです。

というより、どれだけ有益なインサイダー情報を持っているかが、その事業の成否を握っているともいえます。有益なインサイダー情報をまったく持っていない金に強い人というのを、筆者は見たことがありません。

ほとんどの金に強い人たちは、自分の持つインサイダー情報を最大限活用し、事業を切り開いてきたり、蓄財したりしてきたのです。

そのわかりやすい例を一つご紹介しましょう。

筆者の知り合いに、こういう金に強い人がいました。

その金に強い人は仮にKとしておきましょう。

彼は40歳のとき、マンション専門の清掃会社を起ち上げ、経営は順調で、現在20周年を迎えています。

Kは、若いころは建築関係の仕事を中心に転々とし、なかなか職が定まりませんでした。

しかし、Kは、誰とでも友達になる気質で、職を転々とするたびに、知り合いは増えていきました。一つの会社を辞めるときも、けんか別れして辞めるというより、なんとなく次の面白そうな仕事に移っていくという感じだったので、前の職場の人ともずっと付き合っていたのです。

39歳のとき、「大手マンション建設会社が、マンションの清掃業者を探している」という噂を耳にしました。この大手建設会社は、マンションの管理業務もやっており、マンションの清掃を専門にしてくれる業者を求めていたのです。

Kは、この噂を聞きつけるや、清掃会社を作ることを決心しました。

Kは、清掃業の手伝いのようなこともやっていたので、清掃業に関してもある程度ノウハウを持っていたのです。そして、自分のコネを最大限に動員して、その大手マンション建設会社と話をつけ、清掃を請《う》け負うことに成功したのです。

この会社などは、典型的な「インサイダー情報を使った起業」です。

が、どこの会社でも、多かれ少なかれ、このようなインサイダー情報を持っているものなのです。

インサイダー情報の収集といっても、別にそう特別なスキルが必要というわけではありません。このKのように、ほとんどのインサイダー情報は、その人の交友関係や、行動範囲の中で得られているのです。

また誰でも簡単に得ることが出来る、軽いインサイダー情報も多々あります。

インサイダー情報というのは、実は巷《ちまた》にあふれているのです。たとえば、同僚から何気なく聞いた情報、電車やバスの中での世間話、テレビやラジオでもインサイダー情報は流れているのです。

ほとんどの人は、それをスルーしてしまっているのです。

しかし、金に強い人は、その情報をピックアップし、活用しているのです。

この章では、金に強い人たちがインサイダー情報を活用している状況や、インサイダー情報を摑むにはどうすればいいか、などをご紹介していきたいと思います。

●金儲けの方法は、けっこうあるもの

税務署の調査官などをしていると、世の中には本当にいろいろな事業があることがわかります。

たとえば、田舎の辺鄙なところにある模型屋さん。外から見れば、いつもお客さんが入っていないのです。

こんなところで、やっていけるのかと思い、筆者はその模型屋さんの申告書を見てみました。すると、大儲けはしていませんが、手堅く利益を出していました。

その模型屋さんをよくよく調べてみると、世界各地から珍しい模型を集めている店で、マニアの間ではとても有名なお店だったのです。かなり遠方からもお客さんが来るような店で、商品の単価も高いのです。いつもは客が入っていなくても、たまに来るお客さんがけっこうなお金を出すので、その店はやっていけているのです。

またこういう事業者もいました。

その事業は、マンションの一室を使っていて、商品を雑然と並べただけの倉庫のような店舗でなされていました。小売店というより、卸業者などに近い雰囲気です。

その店で扱っているのは、アフリカ系の民族楽器でした。その民族楽器は、メジャーではないけれど、一定の愛好家はいるのです。そして、その楽器を扱う店は、国内にあまりないために、全国から買いに来るのです。

傍《はた》から見れば営業をしているかさえわからないような雑然とした店なのに、やはり手堅く一定の収入は得ているのです。

ほかにも医療器具を病院に紹介するだけの仕事、ビルの清掃業者の業界紙、うどんの麺を作る機械を作る仕事などなど。

いわゆる「隙間産業」というやつですね。

こういう隙間産業というのは、あまり大儲け出来るものではありませんが、競争が少ないので、ある程度の収入は確実にあるのです。そして、こういう珍しい仕事というのは、ちょっと研究すれば、身の回りの生活の中で、いくらでも転がっているものなのです。

起業して大儲けしようというのは、なかなか出来るものではありません。でも食っていく分だけ、暮らしていく分だけを稼ごうと思えばけっこういろいろな方法があるものだと、筆者は実感として思っております。

そして、こういう隙間産業を見つけるために、一番大事なのは、情報収集能力なのです。

●有益な情報は、いろいろなところに転がっている

隙間産業に食い込んでいる人は、必ず何かしらの重要な情報を持っているものです。

普通の人が知りうることが出来ない、有益でコアな情報のことです。先ほどの田舎の模型店にしても、アフリカの民族楽器店にしても、その世界に需要があるという情報を摑んでいたからこそ、事業が成功しているわけです。

事業者の力量は、どれだけ有益な情報を集められるかにかかっているとさえいえます。

有益な情報といっても、そういう大げさなものでなくていいのです。

いろいろな業界のちょっとした情報、自分の趣味の中で知りえた情報が、事業のヒントになったりするものなのです。そしてそういうちょっとした有益情報は、実はいろいろなところに転がっています。

事業に成功した人たちのほとんどは、それほど特別なことをしてインサイダー情報を得ているわけではありません。自分の仕事や生活の中で、有益な情報を得ているの

です。

有益な情報を得る方法はいろいろあります。自分の身近なところにも有益な情報がいろいろ眠っていることを知っているだけでも大違いです。

たとえば、筆者の知人にこんな人がいます。

彼は、海外旅行が好きで、東南アジア特にタイに頻繁に行っています。タイに行って、タイ語にも堪能になり、タイの芸能界や音楽事情にも精通していました。

このタイの芸能事情は、実はひじょうに貴重な情報であり、彼の商売のネタになったのです。

彼は、自分の情報力を生かし、インターネットでタイのポップスCDの輸入業を始めたのです。タイのCDは、現地では一枚200~300円くらいで売られています。これを日本に持ち込んで、1000円程度の値段をつけて売るのです。CDは、タイの友人から定期的に送ってもらいます。

昨今、タイには日本人が多数訪れていますし、タイのポップスを愛好する日本人も増えています。しかし、タイのCDを専門にしている店は、ほとんどありませんでした。タイのCDを日本で入手しようとしても、大きなCD店でほんのわずかな種類が置いてある程度でした。

そのため、彼の商売はたちまち軌道に乗りました。

平均して月数百枚、多い月では千枚売れることもあります。千枚売れば50万円以上の利益になります。ネットだけの商売では、店舗の家賃もかかりませんし、それだけ売れれば十分にやっていけます。

●金儲けの情報を得るには、まず多くの人に接すること

金儲けの情報を得るために、重要な方法は、まず多くの人に接することだといえます。

多くの人と接することは、情報だけではなくコネクションの拡大にもつながります。

特にサラリーマンの方などは、会社以外の人間関係を広げるということは、積極的に行なったほうがいいと思われます。

サラリーマンを10年以上やっていると、会社以外の人間関係というのはひじょうに希薄になってしまいます。

かくいう筆者も、税務署を辞めたとき、人間関係の9割以上がなくなってしまったような状態でした。公私ともに、知人、友人というのは、仕事関係の人がほとんどだったので、税務署を辞めてしまえば、相談相手も飲み仲間もまったくいなかったのです。

そのため一から人間関係を作らなければならなかったので、相当に苦労しました。

「税務署にいたときから、仕事以外の人間関係を作っておくべきだった」

と悔やみました。

会社以外に人脈があるのとないのとでは、まったく違ってきます。

会社の人脈というのは、会社があってナンボの関係です。

自分の同僚たちは、会社を辞めても付き合いが続く、と思っているかもしれませんが、なかなかそうはなりません。ある程度は、付き合いが続くかもしれませんが、会社にいるときのような濃密な関係は、まったくなくなってしまいます。それが現実なのです。

だから会社の上司や同僚というのは、会社を辞めてしまえば、人脈としてはまったく役に立たないと思ったほうがいいです。

どれだけ会社以外の人脈を持っているかが、サラリーマンのいざというときの力になるといえます。

会社からリストラをされたとき、会社を辞めたとき、会社以外の人脈は大きな財産になります。次の仕事の相談相手にもなりますし、もしかしたら、次の仕事を紹介してくれるかもしれません。

また会社以外の人脈は仕事面だけではなく、プライベートでも、まったく充実度が変わってきます。

仕事以外のことを話せる友人がいるのといないのとでは、自分の好奇心や趣味の世界の広がりが全然違います。そして仕事以外の世界を持っていれば、それは気持ちのリフレッシュになり、仕事にもいい影響を与えるのです。

多くの人と接すると言っても、別に異業種交流会に行ったり、どこかのお偉いさんのパーティーに行ったりとか、そういう大層《たいそう》なことをしなくてもいいのです。別に、それも悪くはありませんが。

もっと身近な方法で、多くの人と接する方法はたくさんあるのです。

趣味のサークルに入ってみる、地域のボランティアに参加してみるなど、最初はその程度のものでいいのです。そして、楽しみながら自分の仕事以外での行動範囲を広げることです。

●情報、人脈を得るためにガツガツしない

仕事以外の人と接する上で、気をつけなくてはならないことがあります。

それは、情報や人脈を得るという目的を前面に出して、ガツガツしてはならない、ということです。

あくまで、その人たちと会うことを楽しむことです。金儲けに関する具体的な成果がなんら上がらなくても、まったく気にしてはなりません。

たとえば、趣味のサークルに参加しているときには、そのサークルを精いっぱい楽

しむべきです。

一番大切なことは、自分の世界を広げることなのです。

一つの会合に参加しても、まったく何の情報を得られないかもしれません。それで、すぐに会合を辞めてしまったりすれば、何の意味もないのです。

長く会合に参加しているうちに、なにかしらの情報が入ってくるのです。それを気長に待つのです。大事なのは、いろいろなところに「ゆるくアンテナを張っておく」ことなのです。

金儲けの情報を得るには、「長い気持ち」を持っておかなければならないということです。

「そのうち、なんか得られればいいや」

「何にも得られなくても、知り合いが増えただけでもいいや」

というような、気持ちじゃないとダメなのです。

●重要な情報を得るには、「ギブアンドテイク」が大事

本当に美味しい情報を得るためには、情報提供者との間に、「ウィンウィンの関係」がなくてはなりません。

情報提供者にとって何のメリットもないのに、美味しい情報を無料で提供するようなことはまずありません。

なんの見返りもないのに、「あなただけにとっておきの情報を教えてあげます」などと言ってくる人はいないのです。そういうことを言ってくるのは、ネット詐欺だけなのです。

情報の見返りというのは、さまざまです。要は、相手が貴重な情報を教えたいと思うようなメリットを相手に与えることです。

それは、相手によって違ってきます。こちらも貴重な情報を与えるという場合もありますし、飲み食いさせるという場合もあるでしょう。またもっと直接的に金品を与えることもありえます。

ほとんどの場合、相手は「こういう情報を与えるから、こういう見返りをくれ」と

は言ってきません。だから、相手の欲しがるものを察知しなくてはならないのです。

また人というものは、五分五分の関係では納得しません。

たとえば、１００の価値を持つ情報を持っている人が、それを１００の対価で譲ってくれることはないのです。１１０とか、１２０、下手をすれば、２００くらいの対価を出さなければ譲ってくれないこともあります。

なぜなら、人というのは、常に自分のことを過大評価しているものだからです。だから、本当は１００の価値しかないものであっても、自分では１２０とか２００の価値があると思っているのです。

それを見越し、「自分がちょっと損をしたなあ」と思っているくらいの取引で、相手はようやくイーブンだと思っているのです。

そのあたりをわきまえておかないと、相手はなかなかいい情報を提供してくれないのです。

●「儲け話」は気長に待とう

儲け話というのは、いつ来るかわからないし、どんな形でくるかもわからない。だから、ひじょうに長いスパンで気長に待つ必要があります。

いい情報を得るために、知人をたくさん作るということを紹介しましたが、これとセットで言えることだと思います。

知人をたくさん作っても、相手に「こいつは何かいい情報を得るために俺に近づいている」というのが、わかってしまえば相手は心を開いてくれません。

「はい。これが儲け話ですよ」

というような出来上がった情報が出回ることはまずありません。

もしあったとしても、それは詐欺話です。有益な情報というのは、ほとんどが何気ない話の中に、ぼんやりと含まれているのです。

「完成された儲け話」を聞こうとガツガツしている者は、相手に警戒されるし、また儲け話の〝元になる情報〟が漂ってきても、それには気づかないでスルーしてしまうのです。

儲け話というのは、気長に、かつ鋭い観察力を持って、待っていなければならない、ということです。

●「絶対に儲かる！」という話は「絶対に嘘！」

金儲けの情報を得る際に、まず最初に肝に銘じていただきたいのは、「絶対に儲かる」という話は絶対に嘘だということです。

「金儲けのスキーム」というのは、それこそ星の数ほどあるわけです。

しかし「だれがやっても絶対に儲かる」というものは、ほとんどありません。時と場合と人がぴったりあったときにしか、そのスキームは作動しないのです。

もし、だれがやっても絶対に成功する金儲けのスキームを筆者が知っているのなら、とっくに自分自身でやっています。本の執筆という仕事より、優先しています。

だから、ビジネス書の中で「必ず儲かる」「絶対に利益が出る」などというタイトルのものがあれば、ほとんど嘘だと思っていいです。

もしくは、とても抽象的なことばかり書いた精神論の本です。具体的に「これをやれば絶対に利益が出る」などと示唆することは出来ないし、もしそれを知っている人がいても、教えるはずがないのです。

「美味しい話ほど疑ってかかるべき」

なのです。

しかし、人というのは、美味しい話にはすぐに乗ってしまいがちです。そして、美味しい話に関しては、よくよく真偽を確かめたり、内容を確認したりすることを怠ってしまいがちです。

人は弱いもので、心のどこかで「自分だけは、神様からひいきされていて、いつか大きな幸運が舞い込んでくる」というような、おとぎ話のような夢を抱いています。

昨今では、安愚楽《あぐら》牧場の事件が明るみに出ました。

こういう事件が出るにつけ、「なぜこんな嘘くさい話に騙されたのか?」という議論になります。

安愚楽牧場は、この低金利時代に、年率10%前後の配当がつき、しかも元本保証などと謳《うた》って、投資を募っていました。常識的に考えて、こんな話はうますぎます。もし、本当にそんな利回りの有利な投資が出来るのであれば、一般庶民ではなく、とっくの昔に大銀行や大商社が投資しているはずなのです。銀行や企業が見向きもしないからこそ、一般に投資を募っているわけです。

冷静に考えれば、そういうことはわかりそうなものですが、人は美味しい話に騙されてしまうものなのです。

また自然食品などマルチ商法まがいの方法で客を集める、という業者が以前、けっこう見受けられました。

この業者にひっかかるのは、ほとんどお年寄りでした。高齢の方ならば、「世の中にそうそう美味しい話はない」ということは、人生経験で知っていそうなものですが、そうではなかったのです。

もし「美味しい話」が舞い込んだときには、通常の何倍もの「疑いの目」を持って見なければならないということです。

●〝ガセネタ〟を見分ける方法

「人から入ってくる美味しい情報の8～9割はガセネタ」

金に強い人は、情報に関してよくこういうことを言います。

「うまい話はそうそうあるものではない」

ということです。

まあ、当たり前といえば、当たり前のことですが、人間というのは、これがなかなか理解出来ないのです。

多くの人が、その8～9割のガセネタに騙されてひどい目に遭うのです。もしくは、その真逆で「美味しい話なんてどうせガセネタだ」とインサイダー情報の収集を諦めてしまうのです。

でも情報というのは、1～2割の本物を見極められる人たちだけが、それを活用出来るというものです。

インサイダー情報を活用するためには、その情報が正しいかどうかを確認しなければなりません。

インサイダー情報の真偽を確認するには、もっとも有効なのは、複数のルートからチェックする方法です。誰か一人だけではなく、全然違う関係の人も、同じような情報を発信してくれれば、その情報は確実性が高いといえます。

また大事なのは、その情報の発信者の信頼性です。発信者が信頼がおけるかどうかが、重要なポイントだといえます。

社会的身分が高い人のほうが、確実なインサイダー情報を持っていることが多いように思われがちですが、必ずしもそうではありません。

情報に鈍い人、鋭い人というのは、境遇に関係なくいるものなので、大企業の幹部でも、不確実な情報ばかりを流す人もいます。

逆に、社会的身分がそれほどでもない人が、重要な情報を発信することも多々あります。だから、発信者の人物を見極めることが、インサイダー情報の真偽を確かめる上で、もっとも重要なことだといえます。

またインサイダー情報は、気長に待たないと入ってこないということを述べましたが、もし本当に価値のあるインサイダー情報を入手した場合は、すぐに使わなければならないことも多いものです。情報というのは、すぐに古くなって役に立たなくなるからです。

冒頭で紹介した、清掃会社を作ったKにしても、大手マンション建設会社が、清掃事業者を探しているというインサイダー情報を入手するや否《いな》や、速攻で会社を作ったのです。

「これは確実だ！」

と思えば、一心不乱に実行しないとならないのです。

もし、Kが、「ちょっと様子を見てから」とか、「準備を整えてから」というような気持ちであれば、絶対に成功しなかったはずなのです。

そのためにも、その「インサイダー情報が本物かどうか」を素早く見極める力をつけておかなければならない、ということです。

●ネットに落ちている重要な情報

これまで、金に強くなるには、情報力が大事だということを述べてきました。

そして、人と接したり自分の世界を広げることで、情報を得る方法をご紹介してきました。が、金に強くなるための情報というのは、そこまでしなくても、ちょっとネットを検索したり、本をめくるだけで、得られるものもあります。

というより、多くの人は、すでにその情報に接しているのに、スルーしているだけなのです。

金に強くなるための、そういうちょっとした情報の集め方について、これからご紹介したいと思います。

ただし、ネットや雑誌などの情報は、ガセネタも多いものです。ネットや雑誌のガセネタは、入り込むと大変な目に遭ったりもします。だから、ガセネタには絶対に近づかないようにしなければなりません。

では、ガセネタにひっかからずに、金に強くなるための簡単な情報とは何かということ。

ざっくり言うと公的サービスの情報です。

実は、国や公的機関というのは、非常に充実した住民サービスを行なっています。

しかし、ほとんどの方は、そのことをあまり知りません。

「国や公的機関のサービスなんてたかが知れている」

と思っている方も多いようです。

が、国や公的機関のサービスは、一般の方が思っているより、はるかに充実しています。

市区町村では、住宅取得に関する補助金を出しているところが多数あります。

たとえば、東京都千代田区で2世帯住宅を建てた場合、最大500万円の補助金を受け取ることが出来ます。同様の制度は、日本全国の自治体にあります。

もし国や自治体のサービスをしっかり使えば、私たちの生活はぐっと豊かなものになります。

こういう情報は、ネットなどでちょっと検索をすれば、簡単に手に入ります。

でも、その存在を知らなければ、ネットで検索することも出来ません。つまり、ほんのちょっとした知識で、経済生活は全然違ってくるということなのです。

●家賃の補助をしてくれる自治体もある

公的サービスを使えば、日々のお金が全然違ってくるということの事例をこれから少しご紹介しましょう。

まず代表的なのが、東京都新宿区の「民間賃貸住宅家賃助成制度」です。

この制度は、新宿区が民間賃貸住宅に住む人の家賃を補助することで、新宿区への定住化を促進しようという目的で始められたものです。学生及び勤労単身者向けと、子育てファミリー世帯向けがあり、年に一度、申し込みを受け付けています。

子育てファミリー向けの場合、最高で月3万円を最長5年にわたって受給出来るのです。

月3万円も補助してくれるって大きくないですか？

学生や単身者でも、月1万円の補助がもらえるのです。新宿区に住もうと思っている若者は多いですが、この制度を知っている人はひじょうに少ないようです。この制度は、受けられる世帯数に限りがあり、応募多数の場合は抽選になりますが、応募して損をすることはまったくないのです。

平成27年度の募集については、9月頃に告知する予定になっています。

新宿区に限らず、この手の助成金を出している自治体は全国各地にあります。

たとえば、宇都宮市では、中心市街地外から中心市街地にある民間賃貸住宅に転居した若年夫婦・子育て世帯を対象に、実質家賃額（家賃―住宅手当等）の2分の1で最高2万円を限度に36カ月まで家賃の補助を行なっています。

また兵庫県加西市では、新婚世帯を対象に、月額は1万2000円を限度に補助金を出しています。

ほかにも、地方の自治体には、Uターン、Iターン希望者に住居の支援をしているところも多数あります。格安で公営住宅を提供したり、賃貸住宅の家賃を補助したりです。

たとえば北海道の三笠市では、若者が移住してきた場合、次のような助成を行なっています。
・夫婦どちらかが40歳未満の夫婦世帯……月3万円の商品券を5年間支給
・中学生以下の子供がいる世帯……月3万円の商品券を子供が中学校を卒業するま

で支給

・40歳未満の単身世帯……月2万円の商品券を3年間支給

自分の住んでいる地域、住もうとしている地域のサイトをぜひ確認してください。

■新宿区の民間賃貸住宅家賃助成制度の対象世帯

学生及び勤労単身者向け……18歳から28歳までの家賃9万円以内の賃貸住宅に住んでいる人

子育てファミリー向け……中学生以下の子供がいて家賃22万円以内の賃貸住宅に住んでいる人

詳しいことは新宿区のホームページをご覧ください。

http://www.city.shinjuku.lg.jp/seikatsu/file07_02_00001.html

■家賃補助をしている主な市区町村

・北海道三笠市
・東京都千代田区
・東京都板橋区
・神奈川県横須賀市
・埼玉県春日部市
・千葉県富津市
・茨城県石岡市
・大阪府大阪市
・大阪府堺市
・大阪府河内長野市
・兵庫県西宮市
・兵庫県相生市
・奈良県御所市

●スポーツジム、温水プールなどに格安で行ける

有益な公的サービスは他にもたくさんあります。

たとえばスポーツジムです。

昨今は、健康ブームでもあり、スポーツジムに入会している人や通おうと思っている人も多いはずです。

でも、スポーツジムというと、入会金や月会費が高いものです。

毎日行ければいいですが、忙しいサラリーマンはなかなか行くことは出来ません。それを考えると、なかなか入会に踏み切れない、という人も多いのではないでしょうか？

そういう方々のために、とっておきの方法をご紹介しましょう。

それは、自治体のスポーツジムを使う、ということです。

市区町村には、どこも一個くらいは公営のスポーツセンターがあります。そこには、だいたい温水プールや、スポーツジムが併設されています。

「自治体のスポーツジムなんて、たかが知れている」

と思った方！　自治体の施設だからといってなめてはいけません。

今の自治体の施設は、民間のスポーツジムと変わらないくらい充実しているものです。ランニング機器や、各種の筋力トレーニング機器をはじめ、エアロビクスやヨガ教室まで行なっているところもあります。

たとえば、東京都の目黒区では、３カ所のトレーニングセンターがあり、それぞれでストレッチ教室、エクササイズ教室などのプログラムが行なわれています。入場料は３００円です。

また温水プールを作っている自治体も多々あります。

たいがいの自治体では、スポーツセンターの入場料は、３００〜５００円程度となっています。そんな割安な入場料で、水泳、エアロビクス、ヨガ教室まで出来るのです。中には、シャワーだけではなく、風呂がついているところもあります。

一度、自治体のスポーツジムに行ってみて、続けられそうならば、民間のちゃんとしたスポーツジムに行けばいいのです。また、週に一回くらいしか行けない人は、民間のスポーツジムに入会するより、自治体のスポーツセンターに通ったほうがまったく格安です。せいぜい月に2000円程度で済みますからね。

自治体の施設というのは、我々の税金で作られているわけです。活用しないと、まったく損なのです。

騙されたと思って、ぜひ自治体のスポーツジムに行ってみてください。

入場料分は絶対に取り戻せると思います。民間のスポーツジムで、会費を取り戻すのは至難の業《わざ》でしょう？

それを考えれば、経済効率ははるかにいいのです。

第四章

お金を貯められる人と、貯められない人

●お金を貯められる人と、貯められない人

お金に強くなるには、お金の頭と尻尾《しっぽ》をつかまなければなりません。

頭と尻尾？

と思われた方も多いでしょう。

お金との付き合い方は、二つのルートしかありません。

どう稼ぎ、どう使うか（貯めるか）ということです。

「収入」と「経費」を自由自在に使いこなす、というのがお金を自由に使う、ということになります。つまり、お金の「頭＝収入」と「尻尾＝経費」をしっかりつかんでいれば、お金に強くなれるということです。

当たり前と言えば当たり前の話です。

どう稼ぐかについては、つまりは、どういうふうに仕事（ビジネス）を行なうか、ということになります。

これについては、今までたくさん述べてきました。

が、もちろん、これだけではお金に強くなれるわけではありません。

どんなに稼いでも片っ端からお金を使っていては、必要なときに必要なお金がない場合もあります。それではとてもお金に強いとは言えません。

なので、この章では、どう使うか（どう貯めるか）ということについてお話ししたいと思います。

世の中には、お金を貯められる人と貯められない人がいます。

同じくらいの収入があっても、ちゃんと貯金出来る人と出来ない人っていますよね？

では貯金が出来ない人が、すごく派手な暮らしをしていたり、お金遣いが荒かったりするのかというと、そうでもない場合が多いものです。どっちも、同じくらいの収入、お金の使い方をしているにもかかわらず、貯金が出来る人と出来ない人に分かれるわけです。

では、その違いは何なのでしょうか？

貯金が出来る人というのは、最初から貯金する額を決めている、ということです。

そして、収入を得たときには、まず貯金分を差し引いていることが多いのです。サラリーマンの方などの場合は、財形貯蓄などをしていたりしている人です。

一方、貯金が出来ない人というのは、「収入で残った分を貯金しよう」と思っていることが多いのです。つまり、余裕が出来たら、貯金しようということです。多くの人は、こっち側ではないでしょうか？

でも人というのは、収入があればそれに合わせて消費してしまうものです。

タバコをやめた人がこういうことを言ったのを、聞いたことがありませんか？

「毎月タバコで1万円以上使っていたから、その分を貯金しようと思っていたけれど、全然出来ない」と。

社会人として普通に生活していれば、1万円くらいのお金は、漠然と持っていると何となく使ってしまうものです。いつもよりも、1万円分くらい余裕があるはずだから、月末には1万円余っていてもよさそうなものですが、でも、たいがいの場合、そのお金はどこかしらに消えてしまうのです。

だから、もしタバコをやめてその分を貯金しようと思ったならば、収入を得たときに（給料をもらったときに）、タバコ代の分のお金を確保し、貯金しなければ、出来ないものなのです。

●小遣い帳を2カ月間だけつけてみる

上手に貯金をする方法に、小遣い帳をつけてみる、という方法もあります。

小遣い帳をつければ、自分が何にどのくらい使っているのかが、わかります。

「今更、そのくらいわかっているよ」

と思われる方も多いかもしれません。

しかし、これってけっこうバカにならないことなのです。

どんな人も、自分が何にどれだけのお金を使ったのか、おおよそのことはわかっているつもりになっています。でも、実際にどのくらい使ったのかを金額として出してみると、自分の思っているのとは、かなり違った答えになってきたりするものなのです。

呑み代にけっこう使っていると思っていたのが、実はそれほど使っていなかったというのがわかったり、毎日、ちょっと遊んでいるつもりだったパチンコが意外に大きなお金になっていたりなどです。

そして、実際の金額がわかると、出費の多い項目にはそれを抑《おさ》えようという意識が自然と出てくるのです。

よく、「体重計に毎日乗っているだけで痩《や》せられる」というようなことが言われますよね？　あれは、毎日、体重計に乗っていれば、今、自分が太り気味かどうかがすぐにわかるので、思ったよりも体重が増えていたら、自然に食事の抑制などに向かうからなのです。

しばらく体重計に乗らずに、久しぶりに体重計に乗ったらびっくりするようなことってありますよね？　あれは体重計に乗っていなかったら、自然と抑制が出来なくなるからだといえるでしょう。

それと同じようなことです。

が、小遣い帳の場合は、いつもいつもつけるということは、けっこう大変です。苦になったりもしますよね？

なので、とりあえず１カ月分つけてみてください。そうすれば、自分のだいたいの消費傾向がわかります。ただ、1カ月分だけでは、特殊な出費分などもあり、平均的なことがわからないので、出来れば、2カ月分つけたほうがいいでしょう。でも、面倒であれば1カ月分でもかまいません。

とりあえず、一度、自分の消費の「明細」を一度見てみるべきです。そうすれば、消費生活はけっこう変わるものです。

●宝くじを買う人はバカか？

「宝くじ」というのは、多くの人が魅力を感じているものです。そして、その是非については、賛否両論があります。

お金を貯めるために宝くじを買う人もいれば、お金を貯めるために宝くじを買わないと言う人もいます。

「宝くじを買うなんてバカ」と思っている人も多いし、確率的に言うならば、宝くじを買っても損をすることになっています。

では、宝くじを買う人は本当にバカなのでしょうか？

筆者は、宝くじを買う人は、別にバカだとは思いません。

ただし、買い方によると思われます。

というのも、世の中には「くじ運のいい人」というのは、なぜか存在します。いつもいつも、くじのようなもので何かいい思いをする人っているでしょう？

世の中には、現時点では科学的な根拠はなくても、ある種の特殊能力のようなものは、絶対に存在すると思われます。勘がいい人、直感が当たる人って絶対にいますからね。

ですから、くじ運がいい人は、宝くじを買ってもいいと思うのです。それで儲かる確率が高いのであれば、そうすべきでしょう。

でも、そういうことというのは、冷静に分析しなければなりません。

自分は本当にくじ運がいいのかどうか、ということです。

これは、簡単に分析出来ます。

データを取ればいいだけです。

宝くじを買ったときに使ったお金と、当選してもらったお金を集計するのです。それを何回かやってみてトータルで、ちゃんと儲かっているのであれば、宝くじを買い続ければいいのです。

逆に、集計額が赤字になっていれば、やめるべきでしょう。

本気で宝くじで儲けようと思うのであれば、そのくらいのことはしなくてはならないと思います。ただ、漠然と買って、自分が得をしているのか損をしているのか、わからないような状態ならば、宝くじで儲けることなんて出来ません。

また宝くじで別に儲けようとは思っておらず、楽しみで買っているだけという人は、深く考えることなく今後も買い続けていいと思います。

宝くじは夢を買うものであり、儲けることではなく、買うこと自体が楽しいという方もたくさんいらっしゃいます。

そういう方は、宝くじを買うことは趣味にお金を使うことと同じですから、そのつもりで買って楽しめばいいと思います。自分が損しつづけているということを知った上で、「好きで買っている」のならば、それはそれでいいはずですので。

●ギャンブルをやめる方法

宝くじの話と連動しますが、ギャンブルにはまっていて、どうしてもやめられない、という人もけっこういると思われます。

特に、日本の場合、パチンコ店がどこにでもありますので、だれでも気軽にギャンブルが出来てしまいます。

だから、中毒のようになってしまっている人もかなりいるとされています。

そういう人たちが、手っ取り早くギャンブルをやめる方法があります。

それは、先ほどの宝くじのところでも述べましたように、自分の損益を集計してみることです。

データを取ってみると、たいがいの場合、自分がかなり損をしていることに気づきます。

宝くじやギャンブルというのは、勝ったときの喜びが大きいので、勝ったときのイメージだけが残って、自分は大きく儲けているような錯覚をしてしまうのです。

でも、冷静にデータを取ってみると、ほとんどの人は敗《ま》けていることに気づくのです。そして、自分が敗けていることと、その金額の大きさがわかったら、かなり怖くなります。

このお金があったら、「自動車一台買えたのに」という人もけっこういるはずです。その数字を突きつけられると、たいがいの人はギャンブルにいく足が鈍るはずです。

もし、それでもギャンブルがやめられないという人は、本格的なギャンブル中毒になっているかもしれないので、病院などに行くべきかもしれません。

また、ギャンブルでの損は、織《お》り込み済みで、自分は楽しむために行っているという人は、別に行き続けてもいいと思います。

ただし、それは自分の小遣いの範囲の中でやっている方に限ります。生活費や貯金を切り崩したり、借金をしたりしてまで、ギャンブルをしている場合は、やはり病院などに行ったほうがいいと思われます。

●「貸家と持ち家は生涯換算すれば変わらない」というウソ

現代人にとって、住居費というのは、ひじょうに大きな割合を占めるものです。特に都会のサラリーマンにとっては、住居費は支出の中でもっとも大きいものではないでしょうか?

ちょっとした都会に住んでいれば、一人暮らしのワンルームでも月4、5万円かかります。

家族で暮らすなら10万円程度の費用が必要となります。若いサラリーマンなら、収入の3割から4割を家賃として払っている人がほとんどでしょう。人によってはもっと大きい割合を払っているかもしれません。

住居費をうまくやりくりすることが、貯金を出来るか出来ないかの大きな分かれ目にもなります。

住居費を工夫することで生活はひじょうに豊かになるといえるのです。

ところで家は買ったほうがいいか、借りたほうがいいか、という論争がたびたび起きます。昨今でもよく週刊誌などで特集が組まれたりしますが、実は戦前の週刊誌でもこのテーマを扱ったものはあるのです。

「持ち家論争」

というのは、生活関連の永遠のテーマのような存在にもなっているのです。

でも、これは本来、論争するまでもないことです。

「大方の場合、家を買ったほうが得」

なのです。

普通に考えてください。

貸家というのは、家の賃貸費に大家の利益が加算されているのです。でも、持ち家の場合は、家の購入費だけです。

つまり、大家の利益の分だけ、家を買ったほうが得なのです。

家賃を払っているということは、大家の利益をもずっと払っているということなのです。

もし、大家に利益がないのなら、誰も大家なんかしません。

でも、これだけ賃貸住宅があるということは、大家というのは、それだけ旨《うま》みがあるということなのです。そして、その旨みを大家に提供しているのは、賃貸住宅に住んでいる人たちなのです。

持ち家と借家では、トータルの住居費はほとんど変わらない、というような主張もあります。

そして〝持ち家と借家では住居費は変わらない論〟の主張は、

「持ち家の場合は、購入費自体は家賃より安いけれど、固定資産税やメンテナンス費用を入れれば、そう変わらない額になる」

というものです。

しかし、この論には大きな欠陥があります。

確かに、家を買えば、固定資産税やメンテナンス費用が必要となります。

しかし、それは実は借家でもおなじことなのです。

借家にも、固定資産税やメンテナンス費用はかかります。借家の固定資産税やメンテナンス費用は大家が払っていますが、しかし、それは家賃に上乗せされるので、結局払っているのは借主なのです。

つまり、家賃というのは、固定資産税やメンテナンス費用も含まれているのです。が、同じような間取りでも、「家賃」と「家の購入費」がそう変わらない、というような計算結果が出ることもあります。

しかし、これにもカラクリがあります。

同じような間取りであっても、借家と分譲住宅では、家の設備等が全然違うのです。賃貸アパート、賃貸マンションなどの場合、分譲住宅よりもかなり格安な設計になっています。つまりは、ボロいということなのです。

賃貸住宅の家賃は、購入費よりも安い（もしくは同じくらいの）ように見えますが、実は、賃貸住宅のほうが作りがボロいだけなのです。

●持ち家には「安心感」というメリットもある

しかも、持ち家のメリットはそれだけではありません。

持ち家には、「安心感」というメリットもあります。

というのも、持ち家があれば、家賃は払わなくていいからです。

これは、不況が続く現代だからこそ、より意味の大きいことだと思われます。

昨今では、サラリーマンといえども、「将来絶対安泰」とはいえなくなりました。会社が倒産したり、リストラされたりして、路頭に迷う可能性も多々あるのです。そんなとき、家を持っているのと持っていないのとでは、大きな違いがあるのです。

たとえば、50歳くらいでリストラもしくは肩たたきをされた人がいるとします。

この人が、もし家を持っていたなら、そう慌てなくて済みます。ローンが残っていたとしても、退職金で何とかなるでしょう。

後は食べる分だけを稼いで、年金まで食いつなげばいいのです。食べる分だけならば、アルバイトでも何とかなるはずです。

だから、再就職の選択肢もぐんと広がるのです。

しかし、家を持っていなければ大変です。どんなに切りつめても、生活費はそれなりにかかります。

アルバイトだけで生計を立てていくのは至難の業です。必然的に、再就職の幅は狭まります。この不況下で、50歳を過ぎた人を正社員として雇ってくれるところは、なかなかないでしょう。

家というのは、いざというときの拠《よ》り所になるわけです。

筆者は、ホームレスやネットカフェ難民などの取材をしたことがあります。

ホームレスやネットカフェ難民が、放浪生活を余儀なくされる過程を見ていくと、「家賃」が重要なポイントになっていることがわかります。というのは、彼らのほとんどが、「家賃を払えなくなったとき」が、放浪生活の始まりとなっているからです。

彼らの中には、若いころにちょっと手を伸ばしていれば、家を持てた人もかなりいると思われます。

ホームレスやネットカフェ難民の方の中には、元エリート・サラリーマンなども時々います。彼らはサラリーマン時代、家を買う余裕はあったはずです。サラリーマン時代に家を買っておけば、彼らが路上生活に陥《おちい》る可能性は低かったものと思われます。

またエリート・サラリーマンに限らず、元職人さんや、元労務者の方など、昔は羽振りがよかったような人もけっこういました。そういう方々も、ちょっと頑張れば、郊外の小さなマンションくらいは持てたはずなのです。

また〝家〟を持っている人と持っていない人では、心理的にも大きな違いがあります。〝家〟を持っている人は、収入が少なくても自分のことを貧乏だとは思わないでしょう。それは、人生を楽しく生きていく上でひじょうに大きな要素ではないでしょうか？

●持ち家の最大のメリットは、資産形成

持ち家のメリットはそれだけではありません。

持ち家の最大のメリットは「資産形成」だといえます。

家賃で払ったお金はすべて出ていくのに対し、持ち家の場合は、払った家の購入費（ローンなど）は、すべて「家」という資産を形成していくことになります。

家賃は、何年払っても払いっぱなしですが、家のローンは全部払えば、家が自分のものになるのです。

「持ち家と借家では、さまざまな諸経費を考慮すればそれほど変わらない」

という主張には、この部分の計算がすっぽり抜け落ちているのです。

家が自分の所有物であるということは、いざというときにとても有利になります。

人生というのは、いつまで続くかわかりません。

平均寿命で死ぬ人というのは、全体の半分しかいないわけです。平均寿命より長く生きる人は、全体の半分いるわけです。つまり、あなたも平均寿命より長生きする確率が50％あるわけです。

で、借家の場合は、長生きすればするほど不利になります。借家の場合は、常に家賃を払っていないとならないので、住んでいる時間が長くなれば長くなるほど、住居費の総額は増えるからです。

しかし、持ち家の場合は、その逆です。

長生きすればするほど有利になるのです。ローンを払い終われば、あとは固定資産税だけ払えばいいわけです。だから、老後の生活を考える上では、持ち家のほうが圧倒的に有利なのです。

また家が自分の所有だった場合、もし、不意に多額のお金が必要になった場合、持ち家を持っている人は、それを担保にして、お金を借りることも出来るし、いざとなれば売り払ってお金を作ることも出来ます。

しかし、借家ならばそんなことは一切出来ません。

つまり、借家の場合の住居費は、払いっぱなしで終わりですが、持ち家の場合の住居費は、蓄積されていくわけです。

●税金ほどバカバカしい支出はない

賢くお金を貯める上で、欠かせないのが税金問題です。

元国税調査官の筆者が言うのもなんですが、税金ほどバカバカしい支出はないといえます。

というのも、今の日本の税制は、大企業など払うべきものがきちんと税金を払っておらず、不公平の最たる状態となっているのです。

しかも、国は、30年前から到来がわかっていた少子高齢化の対策を、ほとんどやっておらず、ほかのことばかりにお金を使ってきたのです。この点は、本書の趣旨とは違いますので、これ以上は詳しくは述べませんが、興味のある方は拙書『税金を払う奴はバカ！』などをお読みになってみてください。

とまあ、なるべくなら税金は払わないほうが賢いと言えるのですが、かといって節税するといっても、なかなか知識がない方も多いのではないでしょうか。

特にサラリーマンの場合、税金は決められているので安くならないと思い込んでおられる方が多いようです。

しかし、けっしてそうではありません。

税金は会社で源泉徴収されていますが、税金の手続きや納付は全部会社がやってくれます。だから、サラリーマンは節税の余地がないと思っている人も多いようです。が、所得税、住民税というのは、実は特別な制度がいくつもあって、節税出来る方法はたくさんあるのです。サラリーマンが使っていないだけであって、本当は節税は出来るのです。

そして、その節税をすれば、ちょっとした小遣い程度はすぐに得ることが出来ます。

たとえば、所得税（住民税も含む）の計算には、「所得控除」というものがあります。

所得控除というのは、結婚している人や子供が多い人などには、税金を減らしてやったり、生命保険をかけたり、地震保険に入っている場合には、税金がかかる所得を減額してあげます、という制度です。

「扶養控除」「生命保険料控除」などの言葉を聞いたことがある人も多いでしょう。この所得控除は、けっこう種類が多いのです。にもかかわらず世間に出回っている情報は少ないものです。

結婚して配偶者がいる人が受けられる「配偶者控除」、家族を扶養していた場合に受けられる「扶養控除」などは、ご存じでしょう？

でも、この他にもまったく知られていない所得控除もあるのです。

本当は、その所得控除を受ける資格があるのに、受けていない人もたくさんいます。だから、所得控除をきちんと使えば、誰でもある程度の節税は出来るのです。

しかし所得控除は、すべて自動的に受けられるものではありません。

自分で申告しなければならないものもあるのです。

そして、会社は最低限度のことしかやってくれないのです。

「扶養控除」や「配偶者控除」「保険料控除」など、ごくごく一般的な所得控除は、社員に確認して申告しますが、他の細かい所得控除は確認しないのです。だからサラリーマンのほとんどは最低限度の所得控除しか受けていないのです。

サラリーマンでも所得控除を有効に使えば、けっこう節税が出来るものなのです。なので、これから少し、サラリーマンや事業者すべての人に通用する節税策をご紹介したいと思います。

●まず「ふるさと納税」をしてみよう

サラリーマン（他のすべての方も）がもっとも手っ取り早く、効果的に節税する方法に、「ふるさと納税制度」というものがあります。

これは、自分が好きな自治体に寄付をすれば、その分、所得税、住民税が安くなるという制度です。

最近では、テレビなどでもよく特集されていますので、聞いたことがある人も多いかと思われます。

しかし、実際にやっている人はまだまだ少ないのです。

ふるさと納税というのは、具体的に言えば、自治体に寄付をすれば、所得税、住民税などが寄付金からマイナス2000円した額が還《かえ》ってくるという制度です。

たとえば、3万円寄付した場合、そのマイナス2000円、つまり2万8000円が還ってくるのです。

都会の人に、自分のふるさとに寄付をしてもらい、地方の財政を充実させよう、ということで、このふるさと納税制度は始められました。

が、このふるさと納税制度は、自分のふるさとに限らず、好きな自治体に寄付をしてもいいのです。だから、震災の被災地などに寄付をしてもいいわけです。

この〝ふるさと納税制度〟、実はうまく使えば、ひじょうな「実質的節税」になるのです。

実は、ふるさと納税制度には、ちょっとした裏メリットがあるのです。

ふるさと納税制度を利用して、自治体に寄付をした場合、自治体側がお礼として、特産品を贈るということがあるのです。

たとえば、北海道の釧路《くしろ》市では、3万円以上の寄付で、特産品詰め合わせとして、ほっけ一夜干し、かれい一夜干し、燻とば、姫しゃも、ふきっ娘、糠さんま、ベビーホタテ、丸水瓶詰など5000円相当がもらえます。

また埼玉県幸手《さって》市では、1万円以上の寄付で、特選幸手のコシヒカリ（新米13・5kg）送料込み、5000円相当がもらえます。

特産品の内容などは、自治体によってまちまちですが、1～3万円程度の寄付をすれば3000～5000円程度の特産品をもらえることになっています。

となると、先ほど述べましたように、ふるさと納税制度では、寄付金マイナス2000円の税金が還ってきます。だから実質的な寄付金額は2000円です。

もし1万円を寄付しても、実質的な負担は2000円で済むわけです。

そして1万円の寄付をすれば、5000円相当の特産品がもらえます。

つまり2000円程度の寄付金で、5000円分の特産品がもらえるということなのです。

しかも、各自治体がさまざまな特産品を用意しています。肉、魚、米、野菜、地酒、うどん、ジャムなどの食料品から、温泉の入浴券、レストランの食事券など、誰もが欲しいものが何かしら用意されています。

自治体のホームページなどに行けば、それを見ることが出来ます。

また最近では、ふるさと納税の特産品を集めたサイトも多々あります。そういうサイトを見ながら、自治体に寄付をすればいいのです。

●ちょっとした自然災害でも税金が戻ってくる

サラリーマンが本来、節税出来るのに、していないケースとして代表的なものに、「雑損控除」があります。

雑損控除というのは、台風、地震などの自然災害で被害を受けたり、窃盗《せっとう》などの犯罪被害を受けた場合に、税金が安くなるという制度です。

日本は、自然災害の多い国です。台風や地震で被害を受けた方は多いのではないでしょうか？

先の東日本大震災では、関東地区でもモノが壊れたりなどの被害を受けた方はかなりいると思われます。また財布を掏《す》られたような場合も該当します（ただ詐欺による被害はダメです）。

そういう方々のほとんどは、この雑損控除を受けていないようです。

では、雑損控除の具体的な算出方法をご紹介しましょう。

控除出来る額は（被害額－5万円）です。

たとえば、地震で50万円の被害に遭《あ》ったとします。この場合は、

50万円－5万円＝45万円

この45万円を、所得から控除出来るのです。税額にすれば、だいたい5万円から数十万円の還付になります。

サラリーマンなど、確定申告をしていない人は、5年間さかのぼって確定申告が出来ますので、心当たりのある方はぜひ申告しましょう。

またこの雑損控除には、裏ワザがあります。

雑損控除でいう「自然災害」には害虫被害も含まれるのです。

だから、シロアリ退治をした人も、その費用が雑損控除の対象となるのです。最近ではスズメバチが民家に巣を作っていることも多いようですが、その駆除費用ももちろん該当します。また豪雪地域の雪下ろしの費用も含まれます。

該当する人は、ぜひ利用したいものです。

●温泉に行って税金を安くする

所得控除の中には、医療費控除というものもあります。

医療費控除というのは、「医療費が高くかかった人は税金を安くしましょう」という制度で、一定以上の医療費がかかった人が受けられる控除のことです。

「一定以上の医療費」とは、10万円以上か、所得金額の5%以上のことです。

控除額は、(医療費－10万円か所得金額の5%)です。

だから、100万円の医療費がかかった人は、
100万円－10万円＝90万円

この90万円が医療費控除の金額となるのです（所得が200万円以上の人の場合）。ただし医療費控除の対象となる医療費は、実際に払った金額だけで、生命保険の入院費給付金や健康保険の高額療養費、出産育児一時金などをもらった場合はそれを差し引かなくてはなりません。

この医療費控除には、気をつけなくてはならない点がいくつかあります。それは、所得が200万円未満の人は、医療費控除のハードルが下がるということです。医療費が所得金額の5%以上かかっていれば医療費控除が受けられるわけですから、もし所得が150万円の人は、その5%以上の医療費がかかっていれば医療費控除が受けられるので、7万5000円以上かかっていれば医療費控除が受けられるわけです。

そしてこの医療費控除の中には、裏ワザ的な節税策もあります。

それは「温泉に行った費用も医療費控除の対象となる場合がある」ということです。

「温泉に行ったら税金が安くなる」

と言っても、ほとんどの人が信じません。でも、本当なのです。

医療費控除は、基本的には病気や怪我《けが》をしたときの病院代、薬代などが対象となります。

しかし医療費控除には、温泉療養でかかった費用も対象となる場合があるのです。病気や怪我の治療には、温泉療養が効果的なこともあるからです。

ただし温泉療養ならどんなものでも対象となるということではなく、医者が病気などの治療になると認めた場合です。そして厚生労働省に指定された温泉療養施設に行ったときのみが対象となります。

医療費と認められた温泉療養の場合、温泉までの旅費や旅館の宿泊費なども、医療費控除の対象となります（必要最低限の費用のみであり、旅館での飲食費や、グリーン車料金などは認められません）。

温泉療養を治療と認めてもらうには、医者の証明書が必要となります。でも医者は、自分の懐が痛むわけではないので、必要ならば簡単に証明書を出してくれるでしょう。温泉に行く場合、かかりつけの医者に頼んで、証明書を出してもらうのも一案です。

厚生労働省が指定した施設は、全国で18カ所あります。具体的には、以下のサイトを見てください。

http://www.onsen-nintei.jp/

●スポーツジムに通うと、税金が安くなる

前項では、温泉に行くと税金が安くなるということをご紹介しましたが、似たような裏ワザで、スポーツジムに行ったら税金が安くなるという方法もあります。

今はやりのメタボリック症候群や、成人病の多くは、運動不足が要因の一つといわれており、運動することは、治療の一環でもあるからです。

もちろん、スポーツ施設を使えばどんなものでも対象となるということではありません。温泉療養と同様に、医者が病気等の治療になると認めた場合に、厚生労働省が指定したスポーツ施設に行ったときのみが対象となります。

厚生労働省の指定したスポーツ施設は現在３３０カ所以上あります。詳細は「運動

型健康増進施設」で検索してください。厚生労働省の指定した「運動型健康増進施設」は、全国にありますので、あなたの住んでいるところの近くにもきっとあるはずです。

この場合も、医者の証明書がないと医療費控除の対象にはなりませんが、医者も自分の懐が痛むわけではないので、証明書くらいは簡単に出してくれるはずです。せっかく、スポーツジムに行くならば、節税も合わせて行ないましょう。

また医療費控除の面白い裏ワザに、子供の歯の矯正費用というのがあります。

医療費控除というのは、原則として病気や怪我を治す医療費しか認められません。病気の予防や美容に関するものは、控除対象にはならないのです。

だから歯の矯正も本来は控除対象にはならないのですが、子供（未成年）の歯の矯正に限っては、医療費控除の対象となるのです。なぜそうなっているのか、筆者には不明ですが、せっかくの裏ワザですので、使わない手はありません。

歯の矯正は、ひじょうにお金がかかるものなので、もしやるとすれば子供のうちにしておきましょう。

●年金に入らないのはバカ

昨今、年金の危機がよく言われます。

若い人の中には、「どうせ自分たちは年金はもらえないのだから」と言って年金に入らない人も多いようです。特に派遣社員やフリーターの方などは、「勿体《もったい》ない」として健康保険や年金に入っていない人もかなりいるようです。

しかし、これは大きな間違いだと言えます。

というのも、年金は実は、どんな保険商品にも勝《まさ》るような強力な保険なのです。

公的年金については、さまざまな試算から、年代によっては払った額よりも受取額のほうが少ない場合も生じるとされています。確かに、現在の状況ではそういうこともありえるでしょう。

しかし、公的年金の価値というのは、ただ受け取る金額の多寡《たか》だけで測れるものではないのです。

公的年金の最大のメリットというのは、なんといっても「死ぬまで一定額をもらえる」ということなのです。

人は自分が何歳まで生きるかわかりません。平均寿命になれば、皆、死ぬのなら、平均寿命までの生活費を用意していればいいでしょう。しかし、実際にはそうではありませんよね？

平均寿命で死ぬのは、全体の半分の人です。

残りの半分の人は平均寿命よりも長く生きるのです。つまり、平均寿命よりも長く生きる可能性が50％もあるのです。

だから、老後の資金を貯金で賄《まかな》おうと思えば、相当な年数分を用意しなければならないでしょう。１００歳までの生活費を用意していても、もしかしたら足らないかもしれません。

しかし年金であれば、何歳まで生きようと一定の額は必ずもらえます。だから、年金で生活費を賄えるようにしておけば、何歳まで生きようと経済的な不安はないわけです。

つまり年金というのは、「自分の掛けた金額より多くもらうこと」が本来の目的ではなく、「何歳まで生きていても生活費が保障されている」ということが最大のメリットなのです。

公的年金というのは、金融商品としてはひじょうに価値があるものなのです。もし、民間の保険会社で「何歳まで生きても毎月一定額を支払ってくれる年金」に加入しようと思えば、掛け金は相当高いものになります。

つまり、生命保険会社の年金に入るより、公的年金のほうがはるかにお得なのです。こういうものに入らないのは、普通に考えて損なのです。

しかも公的年金というのは、生命保険としても凄《すご》い機能を持っています。

公的年金の加入者が年金をもらえる前に死亡した場合、残された家族には「遺族年金」が支払われます。しかもこのときに支払われる遺族年金は、基礎年金の掛け金を満額払っていたのと同じ額をもらえるのです。つまり、就職して1年で死亡した場合でも、定年まで働いた人と同じ額の基礎年金がもらえるのです。遺族としては、最上の生命保険だといえるでしょう。そして怪我や病気などで障害が残って働けなくなった場合にも年金は支給されます。

このように公的年金は、保険商品としては実はひじょうに優秀なのです。

だから、貯蓄や民間の保険で老後を賄おうと検討する前に、まずは社会保険にしっかり入ることをお勧めします。

普通のサラリーマンの方は、もちろん加入されているでしょうが、派遣社員の方や、自分は入っていてもご家族に入っていない方がおられる方などは、ぜひ考えてください。

●金に強い人は「借金」もうまい！

これから借金の話をします。

お金をどうやったら貯められるか、という話をしているはずなのに、借金のことを出してくるなんて、おかしいと思われる方もいるかもしれません。

しかし、お金を上手に貯められるかどうかは、上手に借金が出来るかどうかと、連動しているものなのです。

お金を借りる方法は、たくさんあります。でも、お金を借りれば利息がかかります。この利息をいかに抑《おさ》え、そして、いかに自分の必要なお金を調達するかは、結局、上手にお金を貯めることにつながってくるのです。

お金を上手に貯められる人は、上手に借金が出来るし、お金を貯められない人は借金も下手なことが多いのです。

ところで、借金というと、ネガティブに捉《とら》えられがちです。

借金に関して、拒否反応を持っている方もいるかもしれません。

でも、お金が必要なときに、お金を借りるというのは、経済生活の選択肢を広げることです。むしろ、借金をまったくしないで現代の経済生活を営《いとな》むのは、ひじょうに大変です。

たとえば、家や車を現金で買う人は、サラリーマンではなかなかいませんよね。よほどの金持ちか、現金主義者でしょう。

そこで、家や車のローンでも、いろいろな種類、いろいろな借り方があるわけです。それを上手に使えるのと使えないのとでは、経済生活が大きく変わってきます。

事業をしている方の場合は、事業資金の調達で、上手に借金出来るかどうかは大きなポイントになります。

何度か触れましたが、筆者は元国税調査官です。儲かっている企業に対して税務調査などを行なうのが、主な仕事でした。

その際に、気づいたのが、成功している経営者は、ひじょうに上手に借金をしているということです。上手に借金を出来るかどうかが、ビジネスの成功のポイントでもあるのです。

●お金を借りるなら国から借りよう

お金を借りる際に念頭に置いておきたいのが、まずは国や自治体の作っている公的金融機関を利用するということです。

一般の人は、公的金融機関は、普通ならなかなか借りられないのではないか、銀行に比べて気楽にはお金を貸してくれないのではないか、と思いがちです。しかしけっしてそうではないのです。

国や自治体の金融機関から融資を受けるのは、実はそう難しいものではありません。というより、公的金融機関は「民間企業よりも騙しやすい」のです。騙しやすいというと言葉は悪いですが、要は審査が甘いということです。

国や自治体の金融機関は、融資を受けるときに一定の条件があります。この条件を満たしていて、融資枠に空《あ》きがあれば、融資を受けられる可能性が高いのです。

民間の銀行であれば、そうはいきません。民間の銀行は、その人の信用力をすみずみまでチェックします。これから起業しようというような人には、よほどの担保がない限り融資はしてくれません。

だから、銀行から融資を断わられても、国や自治体の金融機関からは融資を受けられるということは多々あるのです。

国や自治体の金融機関というのは、その職員は、半分公務員ですからね。民間の銀行員みたいに、ガツガツしていないのです。だから、騙しやすいといえば騙しやすいのです。

また実績のない企業、景気の悪い企業でも、融資をしてくれることもあります。

そして、公的金融機関の最大のメリットは、利率が低いということです。だいたい、どの公的金融機関でも、銀行のもっとも安い利率よりも、さらにずっと安い利率で融資してくれます。

お金を調達しようと思ったら、まずはとにかく公的金融機関の門を叩くべきです。

公的金融機関のデメリットは、融資がおりるまで時間がかかるということです。彼らはお役人と同じなので、仕事がとても遅いのです。

だから、急を要しているときにはあまり向きません。急を要しているときは、とりあえずビジネスローンなどで借りてつないでおいて、公的金融機関に融資の申請をするということもアリでしょう。

金に強くなるにはそういう柔軟性が第一なのです。

公的金融機関からお金を借りている例を一つご紹介しましょう。

筆者の知り合いで、フリーの編集者をしているM氏という人がいます。

M氏は、20年近く出版社に勤務した後、自分で編集プロダクションを立ち上げました。その際に、開業費用として700万円かかったそうです。そのうち、200万円は自分で用意し、500万円は、金融機関から借り入れたとのことです。

企業としては、まだまったく実績のないMの編集プロダクションが、なぜ金融機関から借り入れることが出来たのか、というと、その金融機関は公的な機関だったからです。

M氏は、日本政策金融公庫という金融機関から借り入れたのです。日本政策金融公庫というのは、政府が中小企業などの融資のために作っている金融機関です。平成20年に、それまであった国民生活金融公庫、中小企業金融公庫などが合併してできたものです。

日本政策金融公庫は、銀行よりもお金を借りやすいとされています。

それは、会社の業績、財政状態が良くなくても、銀行のようにそれだけではねられることはないということです。

また、会社の規模や、年数にかかわらず貸してくれます。

融資限度額は4800万円（特定の設備資金融資の場合は7200万円）もあります。普通の中小企業にとっては十分といえるでしょう。

さらに日本政策金融公庫は、小口資金の貸し付けも積極的に行なっています。日本政策金融公庫から融資を受けている会社の、標準的な借入額は300〜500万円です。なので、運転資金など、ぜひ上手に活用したいものです。

日本政策金融公庫は、保証人か担保が必要ですが、少額の場合は保証人だけで大丈夫です。

金利も銀行よりもかなり安いのです。

保証人の資力は、少額であればそれほど要求されません。ある程度の年収がある人なら、ＯＫです。

日本政策金融公庫の他にも、事業資金を貸してくれる公的制度はたくさんあります。ほとんどの都道府県は、中小企業への貸付制度を作っています。事業者は、そういう制度や機関を日ごろからぜひ調べておくべきだと思われます。

第五章

サラリーマンが金に強くなるヒント

●サラリーマンも、金に強くなれる！

「金に強い人」

というと自営業者、会社経営者などばかりをイメージされるかもしれません。

そして、「自分はサラリーマンなんだから、金に強くなんかなれないし、なる必要もない」と思っているサラリーマンの方も多いかもしれません。

しかし、これは大きな考え違いだと思われます。

サラリーマンでも、金に強くなる方法はいくらでもあります。

というより、その人、その人によって、金に強くなる方法は違うのであり、サラリーマンにはサラリーマンの「金に強くなる極意」があるのです。

筆者は、元サラリーマンですし、今もサラリーマンの知り合いがたくさんいます。

その中には、「この人、凄いなあ」と思うような「金に強い人」もたくさんいます。

またサラリーマンは、自営業者や経営者などにない強みもあります。

サラリーマンの強みは、なんといっても「安定した収入を得られること」です。

これは、自営業者や経営者から見れば、羨《うらや》ましい話です。自営業者や経営者は、ものすごく羽振りのいいこともあるけれど、ダメになることも多いものです。

しかも、ダメになったときは、とことんみじめな生活を余儀なくされます。そして、自営業者や経営者の大半は、「羽振りがいい人」よりも「みじめな生活をしている人」なのです。

サラリーマンの方は、自分ではなかなか気づかないようですが、「安定した収入を得られること」というのは、経済生活を送る上でひじょうに有利なことなのです。たとえば、銀行でお金を借りる場合、自営業者や経営者というのは、なかなか銀行はウンと言いません。

でも、勤続10年以上のサラリーマンならば、相当な金額を貸してくれます。サラリーマンというのは、それだけ「この先も安定している」ということであり、ひいては「金銭的価値を持っている」ということなのです。

この強みを生《い》かせば、サラリーマンはもっと、もっとお金に強くなれるはずなのです。

●サラリーマンこそ金に強くなるべし

また筆者は、サラリーマンこそお金に強くならなければならないと考えています。サラリーマンは会社という船に乗っていますが、逆に言えば、船が沈没すれば、すぐさま命の危険にさらされます。

今どき、「絶対に倒産しない会社」など、そうそうあるものではありません。また倒産はせずともリストラを行なう会社は多々あります。そういう事態に巻き込まれたとき、ほとんどのサラリーマンは、すぐさま経済的な危機に瀕《ひん》してしまいます。

サラリーマンは、安定的な生活をしている分だけ、気持ちに余裕があります。気持ちに余裕があるときに、もしものときのための備えを考えておくべきなのです。備えというのは、預貯金ばかりではありません。会社がなくなってもやっていける、「金に強くなる極意」を身に付けておくべきなのです。

サラリーマンは、副業などをしやすい立場にあります。

というのも本業で生活の保障はされているのだから、余裕を持って副業が出来るのです。自分の余剰資金で行なう分には、失敗しても大けがをすることはありません。不動産投資や、株式投資などにも、同様に、余裕を持って取り組むことが出来ます。

また不動産投資や、株式投資のような大掛かりのものではなくても、ちょっとした知識でお金に強くなれるケースはたくさんあります。

金に強くなるためには、情報力が必要だということを第三章で述べました。その情報力というのは、そんな大変な能力、労力を使わなくてもいいのです。ちょっとした知識で、簡単に金に強くなる方法もあるのです。

要は、サラリーマンでも、「自分の収入は決まっている」などと諦めずに、金に強くなる努力をすべきなのです。

●ちょっとした知識で金に強くなれる

第三章では、金に強くなるためには情報力が重要ということを述べましたが、これはもちろんサラリーマン生活でも当てはまることです。

ネットなどには、サラリーマンが知っているのと知らないのとでは、大違いの情報もたくさんあります。

特に公的サービスの分野では、サラリーマン向けの美味《おい》しい話がけっこう転がっているのですが、それに気づいているサラリーマンは多くありません。

たとえば、国では中小企業のサラリーマンを対象にした「中小企業勤労者福祉サービスセンター」という機関を作っています。

これに加入すると、わずか月500円の会費で、各種の保養、娯楽施設が2〜5割引になったり、結婚祝金、出産祝金、傷病時の見舞金がそれぞれ数万円がもらえるのです。中小企業にお勤めの方は、「福利厚生なんて大企業のもの」と思っている方が多いのではないでしょうか。

でも、このサービスを利用すれば、大企業並みの福利厚生が受けられるのです。

たとえば、川越支部では、池袋サンシャイン水族館の入場料が、通常2000円のところを会員料金1300円になります。映画料金は通常大人1800円のところを会員料金1100円になります（映画館は指定あり。またセレクト会員は1300円）。

マザー牧場の入場券も通常大人1500円のところが、会員料金1000円になります。西武園ゆうえんちの入場料は、通常大人3000円のところが、会員料金600円になります。川越湯遊ランドの入湯料が、通常大人1700円のところが会員料金800円になります（年12回まで）。

これは、サービス全体のほんの一例です。

しかも提携施設への割引は、だいたい一会員につき5～10名分が適用になりますので、家族の人数分は割引料金を利用出来るということです。

これらの施設を年に数回、家族で利用するだけで、会費の元は取れてしまうのです。

また慶弔費として、結婚や出産で1万円もらえるほか、災害、病気などでも見舞金が出ます。交通事故による障害見舞金では最大30万円ももらえます。他にも人間ドック利用の場合、8000円の補助が出たり、各種の教養講座が格安で受けられたり、冠婚葬祭資金の融資なども行なっています。福利厚生としては十二分な充実度だと言えます。

川越支部に限らず、どこの「中小企業勤労者福祉サービスセンター」もだいたい似たようなサービス内容を持っています。制度自体は、支部によって異なりますが、だいたい入会金が数百円、月会費が400〜500円程度です。

月会費、400〜500円でこのサービスならば、凄く安くないですか？

「中小企業勤労者福祉サービスセンター」は、基本的に企業単位で入ることになっていますが、企業が加入していない場合は、個人でも入ることが出来ます。

つまり、中小企業に勤める人ならば、個人で入れるということです。しかも、先ほど述べたように、ここでいう中小企業というのは、従業員300人以下の企業なので、日本の8割以上のサラリーマンが該当するわけです。

サラリーマンというのは、日本の税収で大きな役割を果たしています。

所得税、消費税、法人税、これらのほとんどは実質的にサラリーマンが負担しています。今の税収のうち、サラリーマンが寄与する部分はひじょうに大きいのです。

しかし、たくさんの税金を払っているのに、あまり税金の恩恵を受けていないのもサラリーマンです。国や自治体が支出している補助金なども、サラリーマンはほとんど使っていません。これはあまりにもったいない話です。

●汎用性のあるスキルを身に付けるべし！

サラリーマンが金に強くなるためには、汎用性のあるスキルを身に付けるということも有効です。

会社の仕事というのは、実は汎用性のないものが多いのです。

つまり、その会社でしか通用しない仕事なのです。それは、いくら頑張ったところで、その会社を辞めてしまえば、まったく役に立ちません。

会社にいるときというのは、なかなかそこに気づかないのです。

たとえば、製造現場で使う精密機器のルート営業をしているような場合、商品の知識や人間関係は、その会社でしか通用しないものです。だから、いくらその分野での知識を磨いても、その会社を辞めてしまえばたちまち役に立たなくなるのです。

ではどういうものが、汎用性のあるスキルかというと、この精密機器のルート営業を例にとるならば、「人との付き合い方」や「情報収集の仕方」などです。

人との付き合い方がうまくなれば、他の会社の営業に行っても通用します。

また情報そのものではなく、「情報収集の仕方」をたくさん身に付ければ、他の仕事をしても役に立つわけです。

たとえば、メーカーのカタログや仕様書からばかり情報を集めるのではなく、ネットや書籍から情報収集してみる。また営業先の人から何気なく、話を聞いてくる、そういう技術は、どこに行っても役に立つわけです。

要は、狭い範囲のスキルの向上ばかりではなく、大きな範囲でのスキルの向上を目指すべきだということです。

サラリーマンというのは、得てして、今の自分の仕事の能力だけを上げることに気をとられてしまいます。

でも、広い視野を持って、もっと全体的な能力の向上に努めないと、その仕事を辞めたときに、何のスキルも持っていないということになるのです。

筆者なども税務署にいるとき、納税者から追徴税を上げることだけに命をかけておりましたし、それなりに技術も向上していました。でも、いざ税務署を辞めてしまえば、そんな技術はなんの役にも立たないのです。

税務署を辞めるまでは、そのことにまったく気づいていませんでした。

「自分は仕事が出来る」

と思い込み、税務署を辞めてもどこに行っても仕事が出来る、と信じていました。

でも、再就職した会社では、税務署で得た税務調査の技術などまったく役に立ちませんでした。当たり前といえば、当たり前のことなのです。

●「中国語を勉強する」という金儲け

前項では、汎用性のある資格を身に付けるべき、と述べました。が、筆者がそんなことを言うまでもなく、サラリーマンの中にも資格を取って、いざというときに備えておこう、という人も多いはずです。

しかし、ただ資格を取りさえすれば、スキルアップにつながるというわけではありません。

ここに、「ちょっとした知識」「ちょっとした研究」が必要になるわけです。

本当に汎用性、実用性のある資格というのは、世の中にそれほどあるわけではありません。

たとえば昨今では、税理士の資格を取っても、食っていけない人もたくさんいるようです。税理士の資格というのは、資格の中では最難関です。東大を出ていても、そうそう取れるものではない、とされてきました。

かつては、税理士の資格は、取りさえすれば食いっぱぐれはないと言われていました。

しかし昨今では、競争が激しく、ただ資格を持っているだけでは食っていけないというケースが増えているようです。筆者の知人などでも、税理士の資格を持っているけれど、なかなか収入が増えない、というような人も実際にいます。

「働きながら資格を取る」

ということは、けっこう大変なことです。

しかし大変な思いをして資格を取っても、何の役にも立たないということになれば、とても残念なことです。

だから、資格を取る場合には、それを取れば役に立つのかということをしっかり見定めてからにしなければなりません。

どんなスキルや資格が役に立つかは、時代によっても変わるし、本人の特性にもよるので、筆者はなかなか具体的なお勧めをすることは出来ません。

しかし、一つだけは絶対に役に立つと太鼓判を押せるスキルがあります。

それが、中国語です。

好むと好まざるとにかかわらず、今後、中国というのは世界経済の中でますます大きくなっていくことは確実です。中国はまだまだ生活が遅れている部分などもあり、消費が増えることは確実であり、市場として絶対に成長するはずなのです。

もし中国語検定の1級でも取ったならば、今後、数十年、確実に食うに困らないといえます。これは年齢に関係なく、です。今、50歳の方でも、60歳の方でも、もし中国語検定1級を取れば、死ぬまで働くことが出来るでしょう。

これから中国の市場は確実に拡大します。

中国は経済発展したとはいえ、一人あたりのGDPはまだ日本の五分の一程度なのです。ごく普通に、世界経済に参加していれば、中国経済はまだまだ当然、発展するのです。

一人あたりのＧＤＰが日本の二分の一になったとすれば、国のＧＤＰは今の２・５倍になるということです。

それは中国という市場が、今の２・５倍になることなのです。

それでも、まだ一人あたりのＧＤＰは日本の半分しかないのです。中国というマーケットがどれほど大きなものか、これで推測出来るでしょう。

世界が破滅でもしない限り、中国が発展するのは間違いないのです。

もちろん、中国関係の需要は、今後も増える一方です。

そんな中で、中国語を話せる日本人というのは、絶対的に数が不足しています。日本語を話せる中国人はけっこういます。しかし、だからといって、中国語を話せる日本人が不要なわけではないのです。

日本語を話せる中国人は、中国人の気持ちを日本人に伝えることは出来ますが、日本人の気持ちを中国人に伝えることはあまり出来ません。やはり中国人なので、いくら日本語を学んだところで、日本人の心を全部理解出来るわけではないからです。

二国間のビジネスの場合、お互いの気持ちを伝える作業が必要になってきます。だから、当然、中国語を話せる日本人は絶対に必要なのです。現在、中国語を話せる日本人というのは、いろいろな面でひじょうに重宝されています。

サラリーマンの方の中には、将来に備えて資格取得の勉強をされている方も多いようです。会計や英会話などを学んでいる方も多いはずです。でも英会話は出来る人がたくさんいるし、これだけで食っていけるレベルに達するには、相当な労力が必要になります。また会計なども、会社の仕事には役立つかもしれませんが、資格として必ずしも食っていけるものではありません。今は、公認会計士や税理士の資格を取っても、食っていけない人はたくさんいるのです。

もし将来のために何かをやってみたいと思っているような方、語学を学ぶのが得意な方は、ぜひ中国語をはじめてみることです。今、中国語がペラペラになったならば、おそらく一生、食うには困らないはずです。

サラリーマンをしていても、リストラに遭《あ》ったり、会社が倒産すれば、たちまち収入の途《みち》がなくなります。でも、需要のあるスキルを一つでも身に付けていれば、一生、困ることがないのです。

また中国語を学べば、おのずから中国情勢、中国経済のこともわかるようになり、会社の仕事にも必ず役立つはずなのです。

やって損は一つもない、といえるでしょう。

●ちょっとした副業をやってみよう

前章まで事業の話などをたくさんしてきましたが、サラリーマンの方の中には自分に関係ないと思っている方も多いかもしれません。

なので、サラリーマンの方向けの事業の話を少ししたいと思います。

サラリーマンというのは、実は、ちょっとしたSOHOや不動産投資には向いている立場にあります。

なぜかというと、本業の稼ぎがあるので、SOHOや不動産投資に余裕を持って取り組むことが出来るでしょう?

遮二無二、SOHOや不動産業で利益を出す必要もないし、その利益で食っていく必要もないのだから、わずかでも利益が出ればそれでいいわけです。

なのでサラリーマンの方には、副業として何かをやってみることをお勧めします。というのも、ちょっとした副業をすれば、利益が得られなくても、「お金に関するスキル」が大幅に上がることは間違いないからです。

サラリーマンの方は、事業家に比べればやはりお金に疎《うと》い面があるといえます。というのも、事業家の方は、本当にお金にうるさいのです。

それは、モノ（サービス）を自分で調達して、自分で売る、そして利益を出すということの大変さを身をもって知っているからです。だから、税金などに関しても、事業家の方はとても詳しいし、うるさいのです。

でもサラリーマンの方は、税金にあまりうるさくありませんよね？

それは、「安定して給料がもらえる」ので、お金に関しての心配をあまりしていないからというのが、一つの要因だと思われるのです。

今は、ネットなどを使えば簡単に副業が出来るので、そう難しいことではないはずです（会社で副業禁止などの場合は、ばれないように気をつける必要がありますが）。

このときに行なう副業は、手軽なものでいいのです。

たとえば、ネットでの通販やアフィリエイトのようなものでもいいのです。

必ずしも独立開業に直結する事業でなくてもいいのです。もちろん、副業として始めたことが発展して、独立開業につながるというのがベストですが、ここでの目的は、「とりあえず事業をしてみる」ということです。

「利益を得るとはどういうことか？」

ということを体で覚えるのです。

事業をするには、価格設定がもっとも大事だということを先に述べました。

この価格設定の感覚も実際に何かの商売をやってみないとわかりません。利益が出るような価格設定をしていても、手間がひじょうにかかる上に売上が少ないのであれば、商売にはなりません。その逆もあるでしょう。

どのくらいの手間でどのくらいの利益が得られるのか？

そういうことを体感していただきたいのです。

そして、

「自分で商売をするということは、実はそれほど難しくないこと」

「しかし利益を得るということは、けっこう難しいこと」
などを皮膚感覚として理解していただきたいのです。

●サラリーマンは不動産事業に向いている

前項では、サラリーマンの方も、ちょっとした副業をやってみることをお勧めしました。サラリーマンの方はあまり気づいていないようですが、実はサラリーマンというのは、不動産事業について自営業の方にない有利さを持っています。

まず資金面です。

サラリーマンは銀行や金融機関にはひじょうに信用がありますから、マンションやアパートの建築資金はすぐに融資してもらえるのです。

これが、自営業者やフリーランサーだったら、そうはいきません。

彼らは金融機関に信用がありませんから、過去の申告書を提出したり、これまでの収入状況を説明したりして説得する必要があります。サラリーマンは、そういう作業がほとんどいらずに、お金を調達することが出来るのです。

また不動産業は、あまり手がかからない業務なので、忙しいサラリーマンでも可能な事業なのです。

不動産事業は、開始当初こそ、建物を建てたり購入したり、店子《たなこ》を募集したり、不動産を貸せる状態にするまではけっこう大変です。

でもいったん賃貸をはじめれば後はそれほどすることはありません。たまに部屋の不具合やトラブルが起きて対処するくらいです。

さらに、サラリーマンが住宅の賃貸をはじめた場合、開始してから数年は税金が還付になることが多いのです。なぜ税金が還付になるかは、後ほど詳しく説明します。

不動産業で儲かるかどうかは、その人の努力や運が関係しています。不動産業は、土地の価格や金利など、さまざまな複合的要因を知らなければ出来ないので、そう簡単に儲けることは出来ません。

が、サラリーマンが、不動産業で有利な立場にあることは間違いないのです。

●サラリーマンが不動産業を営むと、なぜ税金が安くなるのか？

サラリーマンがアパート賃貸などの不動産業をしている場合、サラリーマンでの給与所得と、アパート賃貸での不動産所得は合算して、その総額に対して税金がかかるようになります。

もし不動産所得が赤字だった場合、その赤字分は給与所得から差し引かれることになるのです。

たとえば、給与所得が８００万円あって、不動産所得は３００万円の赤字がある人がいるとします。この人の税金は、８００万円－３００万円で差し引き５００万円に対して税金がかかることになります。

つまり、所得３００万円にかかっている税金が還付になるのです。

なぜ不動産業を開始した当初は、赤字になるのかというと、これにはちょっとしたカラクリがあります。

不動産業では減価償却といって建物の購入費用を耐用年数に応じて経費に計上出来るのです。

たとえば、耐用年数10年の建物を、1000万円で買った場合、毎年100万円ずつ10年間、経費に計上出来るのです。本当は、もう少し複雑な計算があるのですが、理屈はこういうことです。

減価償却というのは、実際に費用として、お金が出て行くわけではありません。なのに、帳簿上だけ費用として計上されていくわけです。そのために、収入が赤字になり、税金が還付されるのです。

●サラリーマンの不動産業は、年金代わりにもなる

昨今のサラリーマンの方の中には、副業などをはじめようと思っている方も多いようですが、条件面から見れば、サラリーマンにとって不動産業はひじょうに適しているといえます。

前項でも述べたように、サラリーマンは資金の調達がしやすいし、節税にもなります。

またサラリーマンは、不動産業で遮二無二利益を上げなくてはならないわけではありません。だから、その点でも有利です。

サラリーマンは本業で食っていけるわけですから、不動産業で無理な経営をする必要はないのです。だから、無理な経営は必要なく、じっくり不動産経営をすることが出来ます。

またサラリーマンには、不動産業でさらなる有利さがあります。

サラリーマンならば、それほど高利益を生む物件ではなくても、メリットを享受出来るということです。

不動産業の収益というのは、平均するとだいたい年利3％くらいになります。それくらいの利益ならば、手間を考えれば、貯金したり株式投資などを行なったほうがいいという考え方も出来ます。

しかし、不動産業のいいところは、その不動産を有している限り、ずっと収入を得る可能性があるということです。

不動産業では、最初に投資した金の回収が終わってからも、30年、40年と定額の収入が得られるわけです。老朽化して、店子が入らなくなっても、資産としては残っているので、そのときは売るか、建てなおすかをすればいいわけです。

つまり不動産業は、自分が所有している限り、その間は金を生んでくれるものなのです。

しかし、もし3000万円を投資せずに、貯金していたとします。すると、この3000万円は、年月とともに減っていくばかりなのです。

つまり、不動産業というのは、年金のようなメリットがあるのです。

●急な転勤のとき、所有マンションを貸せば節税になる

不動産の収入と、給与収入は税金の申告のときに通算出来る、ということをご紹介しましたが、これは不動産事業をしている人だけではなく、転勤族にも使えます。

サラリーマンに、転勤はつきものです。

せっかくマンションを購入したのに、転勤になって住むことが出来ない、というようなケースも多いと思われます。そういうとき、そのマンションを賃貸にすれば、家賃収入を得ながら、節税も出来るのです。

マンションの賃貸収入は、ローンをやっと払える程度、不動産屋に手数料などを払えば、ローンもろくろく賄えない場合もあるでしょう。でも、全額自腹でローンを払うよりはずいぶんマシです。

また、賃貸業で赤字が出た分を給料で差し引くことが出来るので、節税にもなります。

これまで自分が居住用で使っていた家（マンション）でも、賃貸にした場合は、はじめから賃貸にしていたのと同じように、減価償却費なども計上出来ます。つまり、不動産事業の経費は、ちゃんと計上出来るのです。

だから、ほとんどの場合、サラリーマンが自分の部屋を他人に貸すような場合は、帳簿上は赤字になります。その赤字を給与所得から差し引くことが出来るので、大きな節税となるのです。

●サラリーマンも借金上手は出世する

ここからサラリーマンの方の借金の方法をご紹介したいと思います。

第四章でも述べましたが、上手に借金をするというのは、経済生活の上でひじょうに大事なことです。

自分はサラリーマンなんだから、借金はあまり関係ない、クレジットカードがあるからそれで十分と思っている方もおられるでしょう。

しかし、それは大きな間違いと言えます。

サラリーマンの方でも、大きなお金が突然必要になることもあるのです。たとえば、家族の誰かが大きな病気をしたりとか、思いも寄らない災害を受けてしまったとか。そういうときに、借金がうまい人は、経済的に問題があまり生じません。

サラリーマンの方に、まず覚えておいていただきたいのは、前述したように「サラリーマンは借金をしやすい」ということです。

サラリーマンの方はあまり気づいていないようですが、金融機関は、サラリーマンにお金を貸すのは大歓迎なのです。

というのも、サラリーマンは安定収入があるし、めったなことでは焦げ付かないからです。消費者ローンが、サラリーマンに対して無担保で簡単にお金を貸してくれるのは、そのためなのです。

サラリーマンは、どこの金融機関も簡単にお金を貸してくれるから、かえって借金に対して無頓着になりがちです。

「借りやすいところから借りればいいや」

という感じで、身近なところから借りてしまいます。特に、消費者ローンなどでは、申し込んだその場で融資したりしてくれるので、思わず利用したくなる人も多いでしょう。

しかし、それは間違いです。

借金をする際に、一番気をつけなくてはならない点は、利息です。

借金では利息が安いに越したことはありません。

サラリーマンは、いろいろな金融機関がお金を貸してくれるのだから、いろいろ見比べて、一番有利な条件の金融機関を選ぶべきなのです。

有利な条件でお金を借りる場合には、若干、手間がかかります。そういう融資の場合、申請や審査などがきっちりしていますから、これは当然のことです。しかし、その手間をちゃんととれるかどうかが、「上手な借金」のポイントでもあります。

●〝ろうきん〟を使いこなそう

サラリーマンが借金をする際も、事業者と同様にまず優先すべきは公的金融機関からの借り入れを考えるべきです。

なぜ公的金融機関がいいかというと、繰り返しますが、利率が低く、担保などの条件も緩いからです。

そして公的機関は要件さえ満たしていれば、妙な信用調査などは行ないません。だからサラリーマンは、お金を借りようと思ったらまず公的金融機関に行くべきなのです。

そしてサラリーマンが、公的金融機関からお金を借りる場合、最初に覚えていただきたいのが「労働金庫」です。労働金庫というのは、「労働者のために」作られた金融機関です。労働者というと堅苦しい言い方になりますが、要はサラリーマンです。

労働金庫は非営利なので、銀行のように収益を出さなくてもいい、だから、利息も低くて借り入れ条件もやさしいのです。

労働金庫の場合、借り入れ目的は車、住宅、冠婚葬祭から、フリーローン（事業資金、投機以外なら、ほぼ何に使ってもいい）まであります。

利息はフリーローンで６～８％程度（平成27年5月現在）で、消費者金融などとは比べものにならないくらい低いのです。車購入や教育費用などになると、さらに利息は低くなります。

これらのローンはサラリーマンならば、ほぼだれでも利用出来ます。原則保証人もいりません。借り入れ金額も最高５００万円となっています。まさにサラリーマンのための金融機関といっても過言ではありません。この金利の安さは、利用しない手はないでしょう。

ただし労働金庫は、半分役所と同じなので、対応はひじょうに遅いです。銀行や消費者金融に比べれば、相当、いらだつことになります。緊急にお金が必要なときは利用しにくいので、普段から、フリーローンの口座を作っておくと便利でしょう。

労働金庫のサイト
http://chuo.rokin.com/

●自治体の「中小企業従業員生活融資制度」とは？

前項では、ろうきんを紹介しましたが、都道府県などの自治体では、サラリーマン向けのもっと有利な融資制度を作っている場合がたくさんあります。自治体の融資制度では、利率なども、〝ろうきん〟などよりもまだ安いところが多いのです。

しかし、自治体は営利企業ではないので、営業をしたり、広く一般に告知したりはしていません。だから、一般の人が、ほとんど知らないままになっている公的な融資制度もたくさんあるのだということを覚えておいてください。

たとえば、東京都には「中小企業従業員生活融資制度」があります。

これは中小企業のサラリーマン向けの融資制度です。

中小企業というのは、大企業に比べて福利厚生の面で恵まれていないことが多いものです。大企業ならば、会社内で低利の融資などを受けられることも多いけれど、中小企業の場合はなかなかそうはいかないわけです。

それを補《おぎな》うために、中小企業のサラリーマンにも、低利でお金が借りられる制度、「中小企業従業員生活資金融資制度」があるのです。

生活資金の融資が70万円までで、利率は1・8％（平成27年4月1日）。返済は元利均等月賦で、返済期間は3年以内となっています。

子育て、介護支援の融資は100万円までで、利率は1・5％（平成27年4月1日）。返済期間は5年以内となっています。

これは東京都に限らず、多くの都道府県、市町村が作っている制度なのです。各都道府県、各市町村によって、概要はまちまち（この制度がないところもある）となっています。

消費者ローンや銀行に行く前に、ぜひご自分の居住地の自治体のサイトを確認してみてください。

あとがき～日本人はもっと金に強くならなければならない～

日本人というのは、非常に勤勉な国民性を持っている。

これは、日本人自身の誇りでもあるし、世界中の人々が認めているところでもある。

が、今の日本の経済社会は、なぜかひじょうにおかしなことになっている。

今の日本の国自体の経済力というのは、さほど落ち込んでいるわけではない。バブル崩壊以降、現在まで国際収支はけっして悪くないし、というよりも、国民一人あたりの外貨準備高は断トツの世界一であり、世界の資産の10％以上を保持している。中国が台頭してきたとはいえ、一人あたりのGDPは、中国の5倍もある。

日本は、国としては世界一、二を争う金持ち国だといえるのだ。

にもかかわらず、国民生活はけっしてよくはない。

ワーキングプアという言葉に示されるように、毎日まともに働いても、生活をしていくのを維持する金さえ稼げない人たちが大勢いる。

毎日8時間、週5日働いても、家族を扶養することはおろか、自分自身の生活さえままならない。

ちゃんとした企業に勤めていても、結婚して子供を一人持つのがやっと、子供二人を育てるのはシンドイというようなケースが多いのではないだろうか。そんな国は、世界中を見渡してもそう多くはない。かなり貧しい国でも、毎日、まともに働いていれば、一家を養えるくらいの収入にはなるものである。

もちろん、生活レベルの差はあるが、「まともに働いても子供二、三人を養えない」というのは、異常な国だといえる。

また現在、大学生の約半数が、有利子の奨学金をもらっている。要は、大学生の半分が、社会に出る前に大きな借金を背負わされているということである。少子化で少なくなったはずの子供の教育費さえ、まともに捻出出来ていないのだ。

いったい、なぜこんなことになっているのか？

それは、日本人の多くが「お金に弱い」からだと筆者は考える。

国民のほとんどは、お金のことをまともに考えてこなかった。「ちゃんと働いていれば、お金は大丈夫」と、ほとんどの人が思ってきたのではないだろうか？　そして、お金のことをきちんと考えず、国や会社任せにしてきた結果が、今の日本の状態なのである。

国や企業というのは、それほど国民のことを考えてくれるものではない。多くの利害関係が絡《から》んでいるので、いきおい「金にうるさい人」「金に強い人」のことが優先され、「金に大人しい人」「金に弱い人」のことは後回しにされる。

そのため、公共事業などで多額の税金が使われる一方で、子育て世代や貧困者向けの行政サービスは削減される。企業は配当金をガンガン払っている一方で、社員の給料を下げたり、正社員を減らして派遣社員を増やしたりする。

国民全体が金に大人しいので、国や企業にいいようにされているのである。

今後、われわれが、しなくてはならないことは、「金に強くなること」である。それは、自分の金にも強くなる必要があるし、国や企業の金についても強くなる必要がある。そのためには、まず自分の身近な生活のお金について、考えていただきたい、そういう主旨で本書を執筆したつもりである。自分のため、国の将来のためにも、金のことをもっと真剣に考えていただきたい。

最後に、祥伝社の水無瀬氏をはじめ、本書の制作に尽力いただいた方々にこの場を借りて謝意を示したい。

平成二十七年五月

大村《おおむら》大次郎《おおじろう》

切りとり線

★読者のみなさまにお願い

この本をお読みになって、どんな感想をお持ちでしょうか。祥伝社のホームページから書評をお送りいただけたら、ありがたく存じます。今後の企画の参考にさせていただきます。また、次ページの原稿用紙を切り取り、左記まで郵送していただいても結構です。

お寄せいただいた書評は、ご了解のうえ新聞・雑誌などを通じて紹介させていただくこともあります。採用の場合は、特製図書カードを差しあげます。

なお、ご記入いただいたお名前、ご住所、ご連絡先等は、書評紹介の事前了解、謝礼のお届け以外の目的で利用することはありません。また、それらの情報を6カ月を越えて保管することもありません。

〒101-8701（お手紙は郵便番号だけで届きます）
祥伝社新書編集部
電話03（3265）2310
祥伝社ホームページ　http://www.shodensha.co.jp/bookreview/

★本書の購買動機（新聞名か雑誌名、あるいは○をつけてください）

＿＿＿＿新聞の広告を見て	＿＿＿＿誌の広告を見て	＿＿＿＿新聞の書評を見て	＿＿＿＿誌の書評を見て	書店で見かけて	知人のすすめで

★100字書評……お金に好かれる極意

名前

住所

年齢

職業

大村大次郎　おおむら・おおじろう

一九六〇年生まれ。一〇年間、国税局に調査官として勤務した後、経営コンサルタントの傍《かたわ》ら、ビジネス、税金、蓄財関係の著作を行なう。具体的なアドバイスと意外な着眼点が評判を呼び、ヒットした著者も数多い。『あらゆる領収書は経費で落とせる』『税務署の正体』『お坊さんはなぜ領収書を出さないのか』など著書多数。

お金《かね》に好《す》かれる極意《ごくい》

大村大次郎《おおむらおおじろう》

2015年6月10日　初版第1刷発行

発行者……………竹内和芳
発行所……………祥伝社しょうでんしゃ
〒101-8701　東京都千代田区神田神保町3-3
電話　03(3265)2081(販売部)
電話　03(3265)2310(編集部)
電話　03(3265)3622(業務部)
ホームページ　http://www.shodensha.co.jp/

装丁者……………盛川和洋
印刷所……………萩原印刷
製本所……………ナショナル製本

Printed in Japan　ISBN978-4-396-11418-3　C0237

〈祥伝社新書〉
大人が楽しむ理系の世界

229
生命は、宇宙のどこで生まれたのか
「宇宙生物学（アストロバイオロジー）」の最前線がわかる！
神戸市外国語大学准教授
福江 翼《つばさ》

234
9回裏無死1塁でバントはするな
まことしやかに言われる野球の常識を統計学で検証
東海大学准教授
鳥越規《のり》央《お》

242
数式なしでわかる物理学入門
物理学は「ことば」で考える学問である。まったく新しい入門書
神奈川大学名誉教授
桜井邦《くに》朋《とも》

290
ヒッグス粒子の謎
なぜ「神の素粒子」と呼ばれるのか？　宇宙誕生の謎に迫る
東京大学准教授
浅井祥《しょう》仁《じ》

338
大人のための「恐竜学」
恐竜学の発展は日進月歩。最新情報をQ＆A形式で
北海道大学准教授
小林快次 監修
サイエンスライター
土屋 健 著

〈祥伝社新書〉
医学・健康の最新情報

314
「酵素」の謎 なぜ病気を防ぎ、寿命を延ばすのか
人間の寿命は、体内酵素の量で決まる。酵素栄養学の第一人者がやさしく説く

医師 鶴見隆史《たかふみ》

348
臓器の時間 進み方が寿命を決める
臓器は考える、記憶する、つながる……最先端医学はここまで進んでいる！

慶應義塾大学医学部教授 伊藤 裕《ひろし》

356
睡眠と脳の科学
早朝に起きる時、一夜漬《いちやづ》けで勉強をする時……など、効果的な睡眠法を紹介する

杏林大学医学部教授 古賀良彦

307
肥満遺伝子 やせるために知っておくべきこと
太る人、太らない人を分けるものとは？ 肥満の新常識！

順天堂大学大学院教授 白澤卓二

319
本当は怖い「糖質制限」
糖尿病治療の権威が警告！ それでも、あなたは実行しますか？

医師 岡本 卓《たかし》